André Kudernatsch

Du wirst nicht alt im Thüringer Wald

Thüringer Kolumnen

saLieR
VERLAG

„Wandern soll'n die ander'n.
Wir sind viel-viel lieber breit.
Das ist uns're Urlaubszeit."
Anger 77 „Wandern"
(Andreas Siegmund)

„Häuser Pfui! – Bäume Hui!"
The Fuck Hornisschen Orchestra „W-A-L-D"

„Hier spricht der Sprecher der Forstamtsinsassen:
Wir bitten die Tiere, den Wald zu verlassen."
Lars Ruppel „Holger, die Waldfee"

André Kudernatsch

Du wirst nicht alt im Thüringer Wald

Thüringer Kolumnen

Salier Verlag
Leipzig und Hildburghausen

Alle Fotos wurden einer privaten Schatulle entnommen. Bis auf das Bild auf der hinteren Umschlagseite, welches von Dagmar Wissendorf-Schuchort stammt. Das Pandemistische Gartentheater auf der Seite 132 hat Florian Kelb fotografiert. Die MGN-Metromap auf Seite 180 ist ein Werk von Fedor van Rossem.

ISBN 978-3-939611-89-9

Originalausgabe
2. Auflage 2022
Copyright © 2021 by Salier Verlag, Leipzig und Hildburghausen
Alle Rechte vorbehalten.
Umschlaggestaltung: Christine Friedrich-Leye, Leipzig
Herstellung: Salier Verlag, Bosestr. 5, 04109 Leipzig
Printed in the E.U.

www.salierverlag.de
www.kudi.de

Inhalt

Wer nicht warten will, geht wandern
Ein Vorwort von Brenda[1]

Als Teenager war ich mir sehr sicher: „Wandern ist nur etwas für alte Leute!" Damals kannte ich die Väter meiner Freundinnen Birgit und Tina. Regelmäßig scheuchten sie am Wochenende ihre genervten Töchter durch das Fichtelgebirge oder den Frankenwald. Meine Mutter hingegen verabscheute es, zu Fuß zu gehen. Sie gehörte damals wie heute zum „Team Auto". Ausflüge unternahmen wir folgerichtig flott mit dem Wagen und selten zu Fuß.

Mittlerweile gehöre ich zu den alten Leuten, die gern wandern gehen. In diesem Buch hat Kudernatsch ein paar Geschichten darüber geschrieben. Wer ist schuld daran? Corona natürlich. Was sonst? Wenn im Lockdown nichts mehr geht, nur ein Spaziergang, ist Wandern eine Chance, um der Stadt zu entfliehen und etwas anderes zu erleben. „Mikro-Abenteuer" nennen die Trendforscherinnen und -forscher das, was Birgit, Tina und ihre Väter in den 80er Jahren schlicht als eine Wanderung kannten.

Mein Mann und ich sind wirklich viel gewandert im letzten Jahr. Ohne die Lockdowns wäre das vorliegende Buch nie entstanden, da bin ich mir sicher. Schon vor Jahren wollte Kudernatsch über den Thüringer Wald schreiben, aber es gab wenig zu erzählen, denn wir sind höchstens einmal im Jahr dorthin gefahren. Stattdessen haben wir lieber Bali, Gomera oder Menorca bereist, gewandert sind wir dort auch.

Plötzlich waren wir wie gefangen in unserem Bundesland und mussten warten, dass die Zahlen wieder besser werden. Warten ist nicht leicht. Es ist langweilig, nervig und strengt mich an.

---

1 Achtung! Weil es Brendas Vorwort ist, bedeutet hier „ich" nicht, dass „ich" es bin. „Ich" ist sie, und „ich" schere erst später ein. Wir haben also zwei „Iche" in diesem Buch. Keine Bange, wir tauschen nicht wieder zurück, wenn „ich" erstmal „ich" bin.

Ich kann diese bleierne Wartezeit nur mit viel Humor ertragen, um nicht daran zu verzweifeln. Humor hilft mir immer, dem Kudernatsch auch. Er verwandelte sich in einen „Homeoffice-Gourmet", manchmal sorgte nur die „Furzberammlung im Hof" für Unterhaltung, und ich fing während der stundenlangen Telefonschalten im Homeoffice an, die Vögel im Garten zu studieren. Ohne den letzten Lockdown hätte mein Mann nie so viel freie Zeit gehabt, seine Beobachtungen aufzuschreiben, die Komik und das Absurde im Corona-Alltag zu feiern und seine Gedanken zu ordnen.

Durch die Pandemie verschoben sich unsere Perspektiven, gezwungenermaßen haben wir den Reiz der Region entdeckt. Wer viel drinnen sein muss, der will irgendwann nur noch raus. Darum sind wir wandern gegangen.

Frische Luft, Sonne und Bewegung haben mir tatsächlich gegen den Budenkoller und Corona-Frust geholfen. Im tiefsten Winterwanderland schleppten wir einmal „Patenkind" mit, das bei minus elf Grad tapfer durchgehalten hat. Im Sommer werde ich es auf ein Board bugsieren, „Suppen" muss es wenigstens einmal ausprobieren.

Die schönsten Wanderungen haben wir übrigens nicht im Thüringer Wald unternommen, sondern im Thüringer Schiefergebirge, wo das Thüringer Meer mit seinen Talsperren, Teichen und Flüssen lockt. Wir werden einfach nicht alt im Thüringer Wald. So ist es.

Worauf wir uns bei jeder Wanderung am meisten freuen? Auf die Brotzeit natürlich! Daumendick müssen die Wanderschnitten belegt sein, wahlweise mit Hackbraten oder deftiger Wurst.

Als ich bei der letzten Frühlingswanderung beherzt nach einer Schnitte griff, brach mein Mann fast in Tränen aus.

„Das ist mein Brot", protestierte er.

„Wieso? Ich habe mir doch auch Göttinger gewünscht", antwortete ich und biss in mein Vollkornbrot. Mit scharfem Senf war es beschmiert, dekoriert mit einem Salatblatt und Gurke und gekrönt mit einer daumendicken Scheibe Göttinger[2]. Es war saftig, deftig und sogar ein bisschen gesund, genauso wie ich es schätze.

„Für meine Schnitte habe ich die Wurst dicker geschnitten als für deine", gestand er.

Ich hörte auf zu kauen und wiederholte ungläubig: „Die Wurst auf deiner Schnitte ist also dicker als auf meiner?"

Er nickte und erklärte mir eifrig und ausführlich, warum Männer und Frauen unterschiedliche Wanderbrote bräuchten. Ich war fassungslos, hörte ihm nicht mehr zu, sondern schnappte mir schnell das nächste Brot, natürlich das mit den dicksten Wurstscheiben. Strafe muss sein. Bei Göttinger von meinem Lieblingsmetzger aus meinem Dörfchen hört die Freundschaft auf. Da gilt nur eine Regel: zugreifen, bloß nicht abwarten!

Brenda, August 2021

---

2 Göttinger (Blasenwurst) ist eine herzhafte Wurst mit einem Hauch Knoblauch, die wunderbar zu Bier und einer deftigen Brotzeit passt. Darum wird sie auch Bierwurst genannt.

Draußen

Es geht hinaus in den Wald. Meine Lieblingswanderrouten verrate ich natürlich nicht. Viel zu viele könnten dorthin aufbrechen. Andere würden solche Empfehlungen aus Prinzip blöd finden, weil doch sie die Experten sind. Ich kann das Geningel deutlich hören: „Mimimimimi! Die besten Strecken hat er nicht erwähnt. ", „Eieiei, stell dir vor, bei uns war er gar nicht!", „Püh, da latschen alle hin. Der hat keine Ahnung!" Das wollte ich unbedingt vermeiden. Laufen Sie, wohin Sie wollen! Viel Spaß.

Die Drachenschlucht ist eine schicke Felsenritze.

Das Schluchzen in der Schlucht

„Nie fahren wir zur Drachenschlucht", beschwert sich Brenda. Die Drachenschlucht ist eine schicke Felsenritze bei Eisenach. Dr. Helmut Kohl hat sie besucht und ist mit seinem stattlichen Bauch an der schmalsten Stelle stecken geblieben. Die Drachenschlucht ist berühmt. Alle wollen die Stelle sehen, an der der Kohl stecken geblieben ist.

„Was ist denn nun?", hakt Brenda nach.

„Wir waren doch schon da", erinnere ich mich.

„Das ist mindestens zehn Jahre her", erinnert sich Brenda.

„Die Drachenschlucht ist total überlaufen, da wollen alle hin", sage ich.

„Ich auch", beharrt Brenda.

„Da ist es voll, da ist kein Parkplatz frei. Und wer da irgendwo wild parkt, wird sofort abgeschleppt. Das habe ich in der Zeitung gelesen", versuche ich es erneut.

„Soso, du liest Zeitung", zweifelt Brenda an.

„Na klar. Außerdem habe ich im Fernsehen gesehen, dass man da nicht so einfach durchlaufen darf. Da gilt ein Einbahnstraßen-System. Da musst du von oben nach unten laufen ...", ich zögere, „oder war's genau umgekehrt? Oh Mann, ich weiß es nicht mehr ..."

„Ist doch egal", begehrt Brenda auf.

„Ist es eben nicht. Man kennt sich überhaupt nicht mehr aus, wie das funktionieren soll."

„Das wird ja wohl dranstehen!" Brenda bleibt hartnäckig.

„Das denkst du. Bei Facebook meckern die Leute rum, dass die Beschilderung total schlecht ist."

„Deshalb willst du da nicht hin?", fragt Brenda scheinbar harmlos.

„Genau."

„Aber du warst doch schon dort, du kennst den Weg", schiebt sie raffiniert nach.

„Ich bin mir nicht sicher", rechtfertige ich mich, „außerdem soll man bei diesem Wetter nicht in die Drachenschlucht. Das ist gefährlich."

„Für dich vielleicht", erwidert Brenda leicht hochnäsig. „Da sind riesengroße Eiszapfen an den Felsen. Wenn da einer runterkommt ... das war's."

„Jaja, im April gibt's noch Eiszapfen!" Brenda glaubt mir nicht.

„Freilich. Überall da, wo die Sonne nicht hinscheint. Ist eine enge Schlucht", erkläre ich.

Brenda schmollt. Sie fängt von vorn an: „Nie fahren wir zur Drachenschlucht."

„Heute jedenfalls nicht mehr. Lass uns schlafen, es ist spät", beende ich unsere Diskussion und knipse das Licht aus. Wir liegen im Bett, jeder auf seiner Seite. Zwischen uns ist die Ritze ... diese Felsenritze!

Wir laufen durch die Drachenschlucht. Es ist viel zu eng. Die Felsen schieben sich zusammen. Brenda wandert beschwingt vorneweg. Ich schnaufe ihr nach. Ich bin nicht so schnell, im Lockdown habe ich mir einen stattlichen Bauch zugelegt. Ich sehe aus wie Helmut Kohl. Die Schlucht wird enger und enger. Brenda ermahnt mich aus der Ferne: „Los, komm doch!"

Ich höre sie nur noch sehr leise, ich sehe sie nicht mehr. Hinter mir knackt etwas. Im Laufen drehe ich mich um und achte nicht auf den Weg. Ich stolpere und verliere den Halt. Rumms, stecke ich zwischen den Felsen fest. Meine Füße baumeln in der Luft. Nichts geht mehr. Brenda ist verschwunden.

Hinter mir murren ein paar Wanderer und sind verärgert, weil ich den Weg versperre. Sie drücken an mir herum und wollen mich durch die Felsspalte schieben, aber das bringt nichts. „Was soll denn das?", schimpft eine Oma und piekt mich mit ihrem Wanderstock. Es nützt nichts, auch sie muss umkehren. Die Gruppe entfernt sich. Die bockigen Kinder, die dabei sind, bewerfen mich vorher noch mit Steinchen. Dann sind sie fort.

Von der anderen Seite spricht mich ein Mann an, den ich nicht sehe, weil ich mich kurz vor der Havarie umgedreht habe.

Seitdem kann ich nur zurückblicken. „Hallo, mein Freund", grüßt er höflich.

Ich unterbreche ihn. „Ich kann nichts dafür. Das ist dem Helmut Kohl auch passiert", stammle ich.

„Ach was, lass stecken", entgegnet der Mann und will nichts von mir hören. Meine Wanderschuhe, die an meinen Füßen in der Luft baumeln, gefallen ihm. Der Mann ergreift die Gelegenheit und zieht mir die Schuhe aus. Er findet „Die müssten passen" und verschwindet.

„Die waren neu", brülle ich ihm nach. Ich weiß nicht, ob er das hört, ich brülle es in die falsche Richtung. Danach taucht niemand mehr auf. Langsam wird es dunkel.

Ich bin allein und verzweifelt. Darum schluchze ich in der Schlucht. Ein Wolf heult. Es ist stockduster. Das Heulen nähert sich. Jetzt ist es in der Schlucht. Ich strample panisch mit den Füßen. Es hat keinen Sinn, ich komme nicht frei. Plötzlich ist das Heulen nicht mehr zu hören.

Ich lausche in die Nacht. Etwas steht bei mir. Wieder auf der Seite, auf die ich nicht schauen kann. Ich spüre es. Es hechelt in meiner Nähe. Ich bewege mich nicht, vielleicht bemerkt es mich nicht. Plötzlich springt es mich an, ich zucke panisch.

„Mann, hör auf zu schnarchen", scheißt mich Brenda zusammen, „ich will in Ruhe schlafen, und der feine Herr schnarcht schrecklich und strampelt herum."

Ich bin durcheinander. Brenda ist sauer. Das soll sie nicht sein.

„Ich habe schlecht geträumt", murmle ich halbwach.

„Oh, das wusste ich ja nicht, wovon denn?", interessiert sich Brenda und ist auf einmal sehr verständnisvoll.

„Naja, vom Strand. Da waren Palmen und das Meer, und die Wellen waren so groß", lüge ich. Inzwischen bin ich wach genug, um auf keinen Fall die Drachenschlucht zu erwähnen. Wir wollen schlafen und nicht wieder diskutieren. „Und ich musste mit einem Kanu quer durchfahren ..."

„Ach, das war nur ein Traum", tröstet mich Brenda. Sie streichelt mir über den Kopf. Das ist schön. Kurz vor dem Weg-

15

nicken frage ich: „Weißt du, wo meine Wanderschuhe sind?"
Brenda schläft. Bevor ich aufstehen und suchen kann, schlafe
auch ich.

Nach dem Frühstück klingelt das Telefon. Brenda geht ran,
hält den Hörer kurz weg und klärt mich auf: „Karin ist dran".

„Aha", sage ich. Brenda strahlt.

„Sie fährt nachher mit Horst zur Drachenschlucht. Und wir
können mit. Ist das nicht großartig?"

„Ja, das ist es", quäle ich mir raus. Weil Brenda so strahlt,
gebe ich mich geschlagen.

Ich werde schon durch die Drachenschlucht passen, ich
muss nur den Gürtel enger schnallen. Das hat bereits der Helmut Kohl verlangt. Er hat außerdem verkündet: „Entscheidend
ist, was hinten rauskommt." Da korrigiere ich: „Wer hinten
rauskommt!" Der Kohl war es in der Drachenschlucht jedenfalls
nicht. Herausforderung angenommen! Ich werde den Drachen
reiten. Oder ich verstecke mich wie Junker Jörg auf der nahen
Wartburg.

*Vor 500 Jahren kam Luther auf die Wartburg. Die nachgestellte
Szene zeigt seine Ankunft.*

Die Fünf:
Das sollten Sie sich
vor einer Wanderung gut überlegen

Eine Wanderung steht an, und sie soll gelingen. Was wird dafür benötigt?

Erstens: Das Ziel
Das ist am wichtigsten. Ohne Ziel weiß niemand, wohin die Wanderung gehen soll. Gut ist es, sich zu informieren, wie das Ziel zu erreichen ist. Es heißt zwar: Viele Wege führen nach Rom. Rom liegt aber nicht im Thüringer Wald. Wer in Rom ankommt, hat definitiv etwas falsch gemacht. Sehr beliebt sind schlichte Ziele, die zugleich Anfang und Ende sind. Bei Rundwanderungen ist das der Fall. Leicht für Wanderanfänger, da sie sich nur einen Punkt merken müssen und ihn beim Loslaufen schon einmal studieren können. So kennen sie das Ziel bestens.

Zweitens: Der Startpunkt
Irgendwo muss man beginnen. Dabei ist entscheidend, wie weit entfernt sich der Startpunkt vom Ziel befindet. Groß ist die Enttäuschung bei Wanderfreundinnen und -freunden, die sich auf eine Tagestour eingestellt haben und bereits nach einer Viertelstunde ins Ziel einlaufen. Unglücklich werden sie am vorschnell gefundenen Aussichtspunkt verharren und nicht wissen, wie sie den Tag noch sinnvoll nutzen. Möglicherweise geben sie sich dem Alkohol hin.
Ist das Ziel zu weit vom Startpunkt weg, sorgt das ebenfalls für Frust. Wer mittags in Ruhla startet, wird nicht nachmittags im Oberhofer „Cortina" Espresso schlürfen. Deshalb ist folgender Satz wichtig: Nicht nur Ziele müssen realistisch sein, auch Startpunkte.

Drittens: Die Anreise

Stehen Ziel und Starpunkt in einem Verhältnis, das den Beteiligten glaubhaft erscheint, ist es ratsam, die Anreise zu prüfen. Bevor die Wanderung beginnt, wird zunächst der Startpunkt zum Ziel. Wie gelange ich dorthin? Mit dem Rad, dem Bus, der Bahn, dem Auto?

Sinnlos ist das Fahrrad: Da kann die Besitzerin oder der Besitzer gleich eine Radwanderung unternehmen. Ich würde außerdem niemandem raten, sein Fahrrad irgendwo in der Pampa abzustellen, wo man es höchstens an einem Buschwindröschen anketten kann, nur um loszuwandern und nach vier Stunden bei der Rückkehr zu merken, dass es geklaut wurde.

Bleiben Bus und Bahn – doch taugen die für die Anreise? Erstens fahren sie, wann sie wollen, zweitens, wohin sie wollen, und drittens sind sie nicht geneigt, am auserwählten Startpunkt anzuhalten. Im Gegenteil: Bahnhof oder Haltestelle liegen weit davon entfernt, so dass der Startpunkt zunächst selbst ein Ziel wird und das ersehnte Ziel ein Fernziel bleibt. So bringt das nichts.

Daher empfehle ich das Auto. Am besten bastelt man sich eine eigene FORST-Plakette für die Windschutzscheibe (irgendwas Grünes mit einem weißen Geweih und weißer Schrift). Damit kann man in jedem Graben, auf jedem Waldweg, an jedem Schlagbaum parken und wird weder kritisiert noch bestraft oder gar abgeschleppt. Vielmehr murmelt jeder, der das Fahrzeug passiert, schwer beeindruckt: „Oh, ein hohes Tier!" Denn mit einem Erfurter Kennzeichen könnte der wild abgestellte Wagen einem von „da oben" aus der Forstdirektion gehören.

Viertens: Die richtige Kleidung

Überlegen Sie sich, was Sie anziehen, bevor die Anreise beginnt. Wer das nicht schafft und bis zuletzt schwankt, auch nicht schlimm! Packen Sie einen Koffer in den Kofferraum, der neben leichter Wanderkleidung auch warme Wintersachen enthält! Bei einem SUV kann es sogar ein Schrankkoffer sein. Vor Ort könnte es überraschend kalt sein.

Ehepaare sollten sich unbedingt farblich aufeinander abstimmen, dass sogleich ihre Zugehörigkeit ersichtlich wird. Sehr beliebt sind hellgrüne oder orangefarbene Steppjacken oder Steppwesten, dazu Schals und Tücher in Kontrastfarben und praktische Hosen in möglichst weiteren Kontrastfarben. Die Schuhe dürfen den nächsten Akzent setzen. Warum nicht in einem strahlenden Pink? So geraten grelle Neontöne in den Thüringer Wald. Tiere, die sie sehen müssen, werden umgehend erblinden. Die Wandersleute selbst erblinden nicht. Sie tragen fette Sonnenbrillen aus dem fetten Handschuhfach des fetten SUV.

Um die Augen der Tiere zu schützen, die über keine Sonnenbrillen verfügen, sind Nordic-Walking-Stöcke von Vorteil. Sie klappern laut, und der Vordermann schreit regelmäßig, wenn er in die Hacke gestochen wird. Damit sind die Tiere des Waldes vorgewarnt – „Das Stöckchengeschwader naht!" – und können sich rechtzeitig in Sicherheit bringen oder wenigstens wegschauen. Doch darf man Nordic Walking im Süden betreiben?

Fünftens: Der Rucksack
Was da unbedingt hineingehört, steht auf Seite 28.

19

Our Huhn, your Adventure!

Ich bin besessen vom Auerhuhn, seitdem ich keins gesehen habe. Das war so nie geplant, aber nun möchte ich etwas tun fürs Huhn. Wer hätte das gedacht?

Es begann mit einer harmlosen Wanderung, die ein Revierförster persönlich in einer Wochenpostille empfohlen hatte: von Königsee aus quer durch seinen Auerwildgrund hinüber nach Paulinzella. Ich informierte mich, wie man sich den Auerhühnern gegenüber verhält. Immerhin sind es die größten Hühnervögel, die wir in Europa haben. Ein Auerhahn ist so groß wie ein Wildschweineber und nicht weniger rabiat. „Läuft der Auerhahn auf Sie zu, weichen Sie zurück. Stören Sie das Tier nicht", war da zu lesen. Ich war auf Anhieb hellauf begeistert, hatte ich doch bei einer Bekannten ein selbstgemachtes Handy-Video betrachtet, was ihr die Bekannte eines Bekannten geschickt hatte, in welchem der Bekannte dieser Bekannten, den meine Bekannte wiederum nicht kannte, aber die Bekannte schon, einem Auerhahn begegnet war (den niemand kannte). Dummerweise passierte diese Begegnung im Winter in der Loipe, die der Auerhahn gegen diesen Ski-Fahrer verteidigte, der sich prompt auf den Hintern setzte und damit wedelnd einen wenig eleganten Rückzug antrat. Das brachte dem Auerhahn zum Kollern und den Ski-Fahrer auf Höchsttempo. Ein toller Film! Das wollte ich auch ... also einem Auerhahn oder seine Frau, dem Auerhuhn, begegnen. Im Sturm überzeugte ich Brenda. Ihre Antwort lautete: „Na gut, wenn du meinst."

Kaum hielten wir auf dem Parkplatz am Waldseebad in Königsee, wurde Brenda vom Jagdfieber gepackt.

„Ich habe einen Vogel wegfliegen sehen", behauptete sie und zeigte auf den Zaun vor uns. „Er war braun und blau."

„Dann war es kein Auerhuhn und kein Auerhahn", wusste ich und war beruhigt. Die erste Sichtung sollte meine sein. Dass gar keine folgen sollte, stand übrigens im ersten Satz.

Grünblau schimmerte ein Waldsee zwischen den Bäumen. In anderen Zeiten wären wir direkt hineingesprungen, allerdings nicht bei 15 Grad im Frühling. Außerdem war ein Zaun ums Bad gezogen, der sich später noch als sehr nützlich erweisen sollte. Vielversprechend hieß unser erster Zwischenstopp nach einem Kilometer „Vogelherd". Das klang nach Hotspot und deutete auf eine Menge Vögel im Wald hin. Gleich an der nächsten Schutzhütte, an der Moosleite, wurde erneut eindringlich vor dem Auerhahn gewarnt. „Rückwärtsgang, wenn einer aufkreuzt", fasste ich für Brenda, die mit den Augen rollte, zusammen.

Und dann wurde es extrem langweilig, obwohl die Strecke einen anheimelnden Namen trug: „Klosterweg". Kein Huhn, kein Hahn, kein Kloster wertete die Wanderung auf. Da war nur eine breite Forststraße an Kiefern entlang, die Brenda „Salzstangenbäume" nennt, weil sie wie monströse Salzstangen aussehen. Schon Luther musste sich hier gelangweilt haben, sein geschwungenes „L" bappte auf Täfelchen an den Bäumen.

„Luther ist echt überall in Thüringen langgelaufen", kommentierte ich das. Brenda lief missmutig neben mir her.

„Ja, und wenn nicht Luther, dann Goethe", antwortete sie.

„Da muss man sich entscheiden, Luther oder Goethe. Das ist wie bei den Beatles oder Rolling Stones ..."

„Ich bin Team Goethe", legte Brenda für sich fest.

Ich zögerte.

„Was überlegst du? Ich dachte, du bist auch Team Goethe", wunderte sich Brenda.

„Naja, ich habe da Gewissenskonflikte", antwortete ich ehrlich. „Immerhin bin ich in einer Lutherstadt geboren. Ich muss darüber nachdenken."

„Guck mal, hier wird es schön", riss mich Brenda aus meinen Gedanken. Wir standen an einem Teich, und an dem Teich lag der perfekte Rastplatz. Zwei Bänke, ein Tisch, ein Dach darüber – verholzt und zusammengenagelt von den Lehrlingen des Forstamtes. So hatte es jemand voller Liebe in eine Latte gelötet.

Wir saßen am Wasser, es plätscherte lieblich. Brenda war wieder mit der Wanderung versöhnt, ich grübelte. Nicht mehr über Luther und Goethe, sondern über wichtigere Dinge. Hier am Seilersgrund hatten wir das Auerwildgebiet bereits verlassen. Was war falsch gelaufen? Warum hatten sich Auerhahn und Auerhuhn nicht gezeigt? Hätte ich Hühnerfutter auf den Weg streuen müssen? Wäre ein nachgeahmtes Gackern hilfreich gewesen?

An den Klosterteichen vorbei erreichten wir Paulinzella, schlüpften unter einer Eisenbahnbrücke hindurch, überquerten eine Straße und rasteten endlich an der Klosterruine. Was haben wir für lustige Erinnerungen an sie! Wir hatten hier ein drolliges Erntedankfest erlebt – mit ausgestopften Tieren und selbstgebackenem Kuchen. Ein Moderator hatte sämtliche Namen der Mitwirkenden verwechselt, und eine Wespe hatte einen kleinen Jungen, der Trompete spielen wollte, von der Bühne gejagt. Ich lächelte vor mich hin. Brenda roch an der Thermoskanne, ob ich etwas in den Tee geschüttet hatte.

Auf dem Rückweg unterlief mir ein grober Fehler. Wie bei jeder Wanderung standen wir plötzlich an einer Kreuzung ohne Wegweiser. Immerhin lag an dieser Kreuzung ein Sägewerk, in dem gerade Pause war. Ich klopfte an und trat ein. Die (wirklich!) drei Männer vom Sägewerk schauten mich erwartungsvoll an. Da passierte es.

Ich fing an: „Guten Tag, entschuldigen Sie die Störung. Wo geht es denn nach Hobra?"

Die drei Männer vom Sägewerk schwiegen. Wahrscheinlich hatte ich zu schnell gesprochen.

Ich wiederholte mein Anliegen deutlich langsamer: „Nach Hobra möchte ich."

Die drei Männer vom Sägewerk gaben keinen Mucks von sich.

Ich probierte es erneut und wählte klare Worte: „Berg hoch oder geradeaus?"

Die drei Männer vom Sägewerk sprachen nicht. Vielleicht waren sie kaputt. Ich schaute ratlos von einem zum anderen.

Da hatte der letzte eine Eingebung, und aus seinem Bart tönte es: „Horba?"

„Ja, Horba, genau", bestätigte ich eifrig.

„Geradeaus."

„Danke." Ich verzog mich rasch, denn das sollte man nie tun: vor Einheimischen die Ortsnamen verhunzen. Bei mir war aus Horba Hobra geworden.

Brenda und ich liefen schnell weiter. Als ich mich umdrehte, sah ich, wie die drei Männer vom Sägewerk vor ihrer Baracke standen, uns beobachteten und die Köpfe schüttelten.

Der Revierförster hatte den Rückweg auf dem „Schlangenweg" empfohlen. Tatsächlich lag eine Schlange auf der Fahrspur. Sie war tot. Jemand hatte ihr den Kopf abgebissen. Der Rest hatte scheinbar nicht geschmeckt. Brenda verzog das Gesicht.

Somit hatte der Schlangenweg seinem Namen alle Ehre gemacht. Der Auerwildgrund schaffte das nicht. Darauf hatte ich schon zu Beginn hingewiesen. Kein Krähen, kein Gackern, keine Hühnerkacke. Brenda dichtete: „Kein Auerhuhn, kein Auerhahn, die wir heut' im Walde sah'n."

Frustriert traten wir aus dem Wald und standen wieder am Waldsee, vor diesem großen eingezäunten Gelände. Da geschah etwas! Es begann in meinem Kopf zu rattern.

„Was wäre denn ...", sprach ich parallel zu diesem Rattern. Brenda schaute mich neugierig an.

„Was wäre denn, wenn hier ein Gehege mit Auerhühnern wäre und kein geschlossenes Waldbad?"

Brenda war ganz Ohr.

„Der Zaun ist bereits da. Da könnte man einen wunderbaren Auerhühnerhof anlegen. So wie die das in Hütscheroda mit den Wildkatzen gemacht haben. Die würdest du auch in freier Wildbahn nie sehen, aber in den Gehegen schon ..."

Brenda lächelte. Das nahm ich als Zeichen, weiterzureden.

„Da fängst du mit einem Hahn und zehn Hühnern an, und die legen Eier – und daraus wächst ein großes Auerhuhnzentrum."

Brenda fehlten die Worte. Das beflügelte mich.

„Das würden immer mehr Hühner werden, und das ließe sich super vermarkten, auch international: Our Huhn, your Adventure – mal ins Unreine gesprochen ... und es wäre niemand mehr sauer, weil er keine Auerhühner im Wald gesehen hat. Na, was meinst du?"

Brenda grinste und erwiderte: „Ich würde an deiner Stelle sofort den Bürgermeister anrufen."

„Meinst du?"

„Klar, wenn noch ein Hähnchengrill am Eingang gebaut wird ..."

„Geniale Idee, den nennen wir Broiler-Alarm", griff ich die Idee auf, „du weißt schon, wie Spoiler-Alarm!"

Das Rattern in meinem Kopf hörte nicht auf. Brenda prustete los.

„Jetzt lach nicht", schnappte ich ein. „Die Idee ist toll. Mach nicht alles kaputt-putt-putt ..."

Brenda lachte Tränen. Bis heute darf ich nicht „Auerhuhn" sagen, sonst fängt sie sofort wieder an.

Heimlich denke ich darüber nach. Ich bin besessen vom Auerhuhn, seitdem ich keins gesehen habe. „Our Huhn – your Adventure" – die Idee ist zu gut, um sie zu begraben. Der Revierförster müsste zustimmen, der Bürgermeister von Königsee hätte das Waldseebad umzuwidmen, und eine große Brauerei mit einem Auerhahn im Wappen bekäme die Chance, als Großsponsor einzusteigen. Das Projekt ließe sich gigantisch aufziehen und würde weltweit für Furore sorgen. Königsee könnte ein Hühnermanhattan werden![3]

---

3 Dafür müsste man sich mit dem gleichnamigen Club „Hühnermanhattan" in Halle an der Saale über die Namensrechte einigen. Der Club hat vor Jahren klein auf einer Brachfläche mit gestapelten Hühnerställen angefangen und ist heute Kult. Die Hühner sind zwischenzeitlich ausgeflogen. Ihre und seine Geschichte erzählt Gabriel Machemer in dem Buch „Hühnermanhattan".

Steiniges Thüringen

Was stimmt mit Thüringen nicht? Im Freistaat geht es nicht Schlag auf Schlag, sondern Stein auf Stein. Überall sind Steine zu finden – zunächst in der Kombination mit Tieren: Bärenstein, Falkenstein, Drachenstein. Wenn die Tiere erlegt sind, halten die Nachbarn her: Frankenstein, Sachsenstein, Preußenstein. Sind sie abgearbeitet, besinnt man sich auf die Eigenschaften: Triefender Stein, Hoher Stein, Hohler Stein, Gebrannter Stein und Ausgebrannter Stein.

Warum nennt man etwas „Stein", wenn sich dahinter ein mächtiger Felsen oder eine geheimnisvolle Höhle verbirgt – oder hinter „Altenstein" sogar ein prächtiges Schloss mit Park? Das ist doch Quark. Ringt man sich hingegen durch, einen Felsen so zu betiteln, wie es ihm zusteht, wird ein schüchternes „Kulissenfelsen" daraus. Als ob er nicht echt wäre, sondern aus Pappmaché an die Ohratalsperre gekarrt wurde, wo er heute als Kulisse dient.

Ich bin noch nicht fertig mit den Steinen. Das Steinerne Tor und das Steinerne Loch locken Wanderer nach Tambach-Dietharz, die Steinerne Rose bei Saalburg muss nie jemand gießen, die Steinernen Kreuze, die großflächig im Wald verteilt sind, sowieso nicht. Ich finde das zum Stein erweichen.

Darum prangere ich diese Versteinerung an. Im gesamten Bundesland hat sich der Stein in Ortsnamen breit gemacht – von Bad Lobenstein bis Bad Liebenstein, von Steinach bis Steinheid. Am schlimmsten finde ich Lengenfeld unterm Stein. Das klingt so, als ob die Menschen, die dort wohnen, längst zerquetscht worden sind.

Das muss geschichtlich begründet sein. Es hat in der Steinzeit – wo sonst – angefangen, fand seine Fortsetzung bei Personen wie einer Frau von Stein (bei der Goethe einen Stein im Brett und letztlich eine Stein im Bett hatte) und endet in der Gegenwart, wo ein Politiker wie Frank-Walter Steinmeier auf-

Der neue Opel G-Stein.

fällig oft nach Thüringen reist, um an die Menschenwürde zu erinnern. Weil es dringend nötig ist, immerhin existiert in der Landeshauptstadt ein Thor-Steinar-Laden. Da muss man ab und zu nach dem Rechten sehen. Sonst bleibt kein Stein auf dem anderen.

Steine liegen im Weg und in den Steingärten, die sich hierzulande wie eine Landplage ausbreiten. Steine erreichen die Herzen der Menschen. Nehmen Sie Peter Munk, der im „Kalten Herz" Reichtum und Ansehen wählt und dafür einen harten Klumpen in seiner Brust in Kauf nimmt. Wer denkt da nicht an diesen eiskalten Südthüringer CDU-Bundestagsabgeordneten, der steinreich werden wollte und im März 2021 steinalt aussah, als seine dubiosen Masken-Deals bekannt wurden? Es heißt ja: Keiner werfe den ersten Stein – ich kann in diesem Falle beruhigt werfen. Der erste Stein ist lange her, und die Steine danach kann keiner mehr zählen. Das war eine regelrechte Steinigung.

Die Zukunft Thüringens meißelt mir eine versteinerte Miene ins Gesicht: Die Thüringer Kinder spielen „Stein-Schere-Papier", und viel zu oft gewinnt der Stein! Sie kuscheln mit Plüschtieren aus Georgenthal. Und wie heißt der Hersteller? Steiner! Wenn sie ausgekuschelt haben, bauen sie hurtig ein Gefängnis für diese Plüschtiere. Und was nehmen sie dafür? Ankerbausteine aus Rudolstadt! Die Jüngsten singen ahnungslos dazu: „Stein auf Stein, Stein auf Stein/Das Häuschen wird bald fertig sein."

Das denken sie, in ihrer kindlichen Unschuld. Ich hingegen denke, der Stein wurde ins Rollen gebracht. Thüringen darf nicht weiter versteinern. Genug der Gesteinsformationen! Wir sollten weich und nicht hart sein. Mehr Stolz auf Holz!

Das wollte ich mir unbedingt von der Seele schreiben. Jetzt fällt mir ein Stein vom Herzen.

Die Fünf:
Das sollten Sie in Ihren Rucksack packen

Um die nächste Wanderung unbeschadet zu überstehen, muss der Rucksack sinnvoll gepackt sein. Fünf Dinge gehören unbedingt hinein.

Erstens: Ein Handtuch[4]

Mit einem Handtuch kann man Schweiß abtrocknen, die Augen verbinden (wenn ein Stück des Weges potthässlich ist), die Ohren verstopfen (wenn die Vögel zu laut zwitschern) oder Hungergefühle dämpfen (indem man auf einem Zipfel des Handtuchs herumkaut). Mit einem Handtuch lassen sich lästige Mücken oder Mitwanderer wegwedeln. Es sei denn, man braucht diese Mitwanderer, um auf ihre Handtücher zurückzugreifen. Beispielsweise kann man sie aneinanderknoten und sich an einer gefährlichen Stelle abseilen. Am Rastplatz lässt sich mit dem Handtuch die vorderste Bank reservieren. Nach dem möglicherweise daraus resultierenden Faustkampf dient das Handtuch, um die Wunden zu verbinden. Überhaupt kann man sich mit dem Handtuch jederzeit an jeder Stelle etwas abwischen. Vom Spuckefaden im Mundwinkel bis zum Hasenkot am Wanderschuh und umgekehrt.

Zweitens: Ein Taschenmesser

Möglicherweise wird es nötig, das Handtuch in Streifen zu schneiden. Etwa um mehrere Schweißbänder oder lustige Wanderwimpel daraus zu fertigen. Noch feiner zerteilt lässt sich mit karierten Stofffetzen der wildeste Pfad markieren, wenn Wan-

---

4 Wer das Buch „Per Anhalter durch die Galaxis" gelesen hat, wird mir zustimmen. Darin wird das Handtuch jeder und jedem empfohlen, die/der/das als Anhalter/in unterwegs ist. Ohne Handtuch geht es nicht. Für Wandersleute, die nicht nur an der Straße herumstehen und mit dem Daumen wedeln, sondern aktiv durchs Unterholz brechen, gilt das erst recht.

derzeichen fehlen und man ihn für den Rückweg wiederfinden möchte.

Drittens: Eine Brotzeit

Diese muss nicht aus Brot bestehen. Der Fantasie sind keine Grenzen gesetzt. Das gilt ebenso für die Getränkeauswahl. Das Handtuch dient als formvollendete Tischdecke oder – wenn kein Tisch vorhanden ist – als Picknickunterlage und darüber hinaus als Serviette, Taschentuch und Geschirrhandtuch für benutztes Besteck.[5]

Viertens: Ein Waschmittel

Falls das Handtuch sehr fleckig und unansehnlich wird ... Das nächste Bächlein ist meistens nicht weit.

Fünftens: Ein Strick

Der erklärt sich von selbst. Man spannt ihn zwischen zwei Bäumen – und das Handtuch kann auf dieser Leine trocknen.[6]

---

5   Wer sein Handtuch bereits zerschnitten hat, kann es nicht mehr entsprechend benutzen. Da wäre es gut gewesen, erst zu Ende zu lesen.
6   Gut, dass das nun geklärt ist. Falls Sie mehr als diese fünf Sachen in den Rucksack gepackt haben, lesen Sie unbedingt Seite 38. Dort finden Sie alles, was Sie gleich wieder ausräumen können.

Dieses Singen im Wald

Kaum läuft der Deutsche vor sich hin, gerät er ins Marschieren. Wenn er einmal marschiert, singt er auch. Ordentlich deutsch im Viervierteltakt: 1, 2, 3, 4. Das passiert beim Wandern automatisch. Wer beim Wandern nicht singt, ist bloß noch nicht weit genug gelaufen. Es beginnt mit dem rhythmischen Geh-Vers. Etwa so: „Und eins, und zwei, und drei, und vier ... ein Hut, ein Stock, ein alter Mann, vor, zurück, zur Seite, ran."

Brenda findet, dass das Blödsinn ist, weil sie das Sprüchlein mit Regenschirm kennt: „Ein Hut, ein Stock, ein Regenschirm, und vorwärts, rückwärts, seitwärts, ran."

„Das reimt sich nicht ein bisschen", protestiere ich. „Wer einen Stock hat, hat nicht noch einen Regenschirm. Da hat er ja die Hände voll. Außerdem trägt er einen Hut, da braucht er keinen Schirm."

„Ach was", meint Brenda dazu und probiert den Spruch gleich nochmal beim Laufen aus: „Ein Hut, ein Stock, ein Regenschirm, und vorwärts, rückwärts, seitwärts, ran."

„Ich finde meinen Vers besser", stelle ich fest, „der ist sinnvoller. Pass auf: Und eins, und zwei, und drei, und vier ... ein Hut, ein Stock, ein alter Mann, vor, zurück, zur Seite ran."

Brenda lacht: „Das ist wirklich nur was für alte Männer."

Das lasse ich mir nicht gefallen und höre auf mit dem Reim. Nach einer Weile fange ich an zu summen.

„Oh", lenkt Brenda ein, „kenne ich das Lied?"

Ich mache es ihr leicht und summe „Das Wandern ist des Müllers Lust".

„Warum eigentlich des Müllers Lust? Warum nicht Schulze, Meier, Lehmann?", überlegt Brenda. „Das widerspricht sich total. Weil es zuerst des Müllers Lust sein soll, und dann ist sie es wieder nicht ..."

„Wieso?", frage ich und muss dafür mit dem Summen aufhören.

„Na es heißt: Das muss ein schlechter Müller sein, dem niemals fiel das Wandern ein ..."

„Ach das. Das kann ich dir sagen!"

Brenda sieht mich überrascht an und bleibt stehen.

„Wir können ruhig weiterlaufen", schlage ich vor.

„Ah, du kannst laufen und reden", ärgert mich Brenda.

„Jaja, mit deinem Müller, das ist so: Das Lied hat mehrere Strophen. Zuerst denkt man, dass der Müllermeister gemeint ist. Später erfährt man, dass es ein Müllergeselle ist – und der muss sich seinen Meistertitel erst noch erwandern ..."

„Aha", wirft Brenda ein.

„Lustig finde ich, dass der, der das Lied geschrieben hat, Müller heißt und gar kein Müller gewesen ist."

„Woher weißt du das alles, Herr Schlaumi Schlau?", wundert sich Brenda.

„Das habe ich gegoogelt", gebe ich zu, „gestern Abend zuhause. Ich bereite mich eben ordentlich aufs Wandern vor."

„Du Lehrerkind", knallt mir Brenda an den Kopf, „aber die Brote schmiere immer noch ich."

„Stimmt", antworte ich ehrlich, „am besten wir singen schnell etwas anderes. Wie wäre das hier?"

Brenda spitzt die Ohren, und ich trällere einen alten Muck-Hit: „Der Baum und der Pilz und das Moos sind im Wald. Ansonsten ist nicht sehr viel los hier im Wald ..."

Brenda unterbricht mich: „Was soll das denn sein?"

„Das Lied ‚Wandern wir mal'. Von Muck. Musst du doch kennen!"

„Nee."

„Wandern wir mal, wandern wir mal, durch den grünen Wald", biete ich den Refrain dar.

„Das ist ja furchtbar. Und wer singt das?"

„Muck."

„Der kleine Muck!", behauptet Brenda und grinst frech, um mich mitten im grünen Tann auf die Palme zu bringen. Es gelingt ihr auf Anhieb.

„Nein, Hartmut Schulze-Gerlach, und der hat sich Muck genannt."

„Aha", macht Brenda.

„Dann kennst du Monika Hauff und Klaus-Dieter Henkler bestimmt auch nicht."

„Wen?"

„Die waren in der DDR so was wie Al Bano und Romina Power – und die hatten auch ein Wald-Lied ..."

„Und das ging wie?", heuchelt Brenda Interesse.

„Pass auf", fordere ich sie auf und lege los: „Auf die Bäume, ihr Affen, der Wald wird gefegt, der Wald wird gefegt, der Wald wird gefegt. Auf die Bäume ihr Affen, der Wald wird gefegt und nicht lange überlegt ..."

Brenda bleibt erneut stehen und schüttelt sich.

„Also ich kenne das hier", sagt sie und beginnt zu singen: „Die Affen jagen durch den Wald, der eine macht den ander'n kalt, die ganze Affenbande brüllt: Wer hat die Kokosnuss, wer hat die Kokosnuss, wer hat die Kokosnuss geklaut?" Brenda geht voll ab. „Wer hat die Kokosnuss, wer hat die Kokosnuss, wer hat die Kokosnuss geklau-au-aut ..."

„Ist ja gut, ist ja gut", beruhige ich sie, während sie vor mir über den Waldweg hottet. „Ja, dein Lied ist fetziger. Der Punkt geht an dich."

Brenda stimmt mir zu und hottet weiter. Nach einer Weile bemerkt sie: „Weißt du was? Wir singen hier mitten im Nadelwald über Affen. Das ist doch Quatsch."

„Stimmt. Lass mich überlegen: Da war zuerst der Spruch mit dem alten Mann ..."

„... du meinst Regenschirm", verbessert mich Brenda.

„Von mir aus Regenschirm. Dann der Müller und der Muck ..."

„... und zwei Mal die Affen."

„Da war noch nicht das Passende dabei."

Wir überlegen. Ich habe einen Gedankenblitz und pfeife das Intro des Rennsteigliedes: „Tü tü tüüü tütt, tü tü tüüü tütt ..."

Los geht es: „Ich wand're ja so gerne am Rennsteig durch das Land, das Nana Nana Naaana, die Klampfe in der Hand. Ich bin ein lust'ger Wandersmann ... lala lala lalaaa ..." Verdammt, ich bin nicht textsicher. Brenda singt erst gar nicht mit. Sie klinkt sich erst beim Refrain ein: „Diesen Weg auf den Höh'n bin ich oft gegangen, Vöglein sangen Lieder ... Diesen Weg auf den Höh'n ..."

Ich breche ab. „Nee, das wird nicht wiederholt, oder?"

„Keine Ahnung. Du musst das doch wissen!", findet Brenda.

„Wieso ich?"

„Du bist doch bei den Wanderungen immer so gut vorbereitet. Hast du vorhin gesagt."

Mist, ich habe meine Hausaufgaben nicht gemacht und Brenda hat mich erwischt. Ich wusste nicht, dass sie dieses Lied mag. Obwohl, mag sie es überhaupt?

Ich glaube, bis auf ein paar hartgesottene Südthüringer, die von Geburt an im Chor sind oder gleich dort geboren wurden, weshalb immer ein Kinderwagen in der Ecke steht, hat niemand das Rennsteiglied komplett drauf.

Man denkt es, aber es ist wie zu Weihnachten bei „O Tannenbaum" und der berüchtigten zweiten Strophe. Wer das nicht glaubt, kann es gleich ausprobieren. Erst „O Tannenbaum" und dann das „Rennsteiglied" ... Und?

Nicht alles wird im Thüringer Wald besungen.

Die Liste Roth

Ich habe mich oft gewundert, warum ich so gern das „Rennsteig-Lied" singe, obwohl ich den Text gar nicht kann. Inzwischen weiß ich es. Die Südthüringer Spatzen haben ein Datum von den Dächern gepfiffen. Das Lied hat am selben Tag wie ich Geburtstag. Das verbindet uns. Für immer. Das Lied ist Ü 70, ich bin etwas jünger.

Deshalb möchte ich meine Kraft nutzen und mich stark für diesen Oldie machen – und für den Mann, der den Hit komponiert hat: den Suhler Friseurmeister Herbert Roth, „Vater der Volksmusik" genannt.

Eher verschämt existiert derzeit eine karge Ausstellung über Vati Herbert im Örtchen Vesser, in der man wahlweise an seinem Akkordeon, seinem Wanderrucksack oder seiner Lederhose schnuppern kann. Vielleicht zieht die Schau ins große Suhl um. Dann könnte man dort wahlweise an seinem Akkordeon, seinem Wanderrucksack oder seiner Lederhose schnuppern. Unterhalb der Schmücke dümpelt ein winziger Gedenkstein für Herbert Roth vor sich hin.

So kann das nicht bleiben. Thüringen muss komplett gerothet werden. Make Herbert great again! Hier ist die Liste Roth:

1. Singvögel werden nach dem Künstler benannt. Das Rothschwänzchen und das Rothkehlchen.
2. Pflanzen folgen: der Rothodendron.
3. Es gibt eine neue Farbe: das Abendroth.
4. Das geht auch früher: im Morgenroth.
5. Bisher unbekannte Tätigkeiten etablieren sich in der Freizeit: Wer im Winter will, kann im Schnee rotheln gehen.
6. Der Rennsteig wird bis nach Gera verlängert. Denn wie beginnt das berühmte Lied? „Ich wand're ja so gerne, am Rennsteig durch das Land." Stimmt das? Nein, der Rennsteig führt nicht durch das gesamte Land Thüringen. Darum wird was draufgelegt.

7. An sämtlichen öffentlichen Plätzen und an Waldlichtungen Südthüringens werden riesige Porträtbilder des Künstlers aufgehängt, dass sein Konterfei niemandem entgeht. Der letzte Blickige soll zugeben: „Ich sehe Roth."

8. Leute mit Geld kümmern sich um die Finanzierung. Die helfen sich und anderen ständig. Das sind die Rotharier.

9. Die Herbert-Roth-Straße in Suhl heißt in Kürze Herbert-Straße. Wie das Vorbild in Hamburg. Das klingt nach Rotlicht-Milieu (diesmal ohne H) und lockt Gäste an.

10. Das „Congress Centrum Suhl" – kurz CCS – wird in den „Herbert-Roth-Tempel Suhl" – kurz HRTS – umgewandelt. Der HRTS wird mit Fan-Artikeln geflutet, darunter Roth-Stifte, Rothstern-Schokolade, Roth-Kraut, Roth-Wein und Rothe Beete.

11. Im nagelneuen HRTS läuft das nagelneue Herbert-Roth-Musical sieben Tage die Woche. Titel „Das Lied, die Hymne".

12. Die Kindervorstellung heißt übrigens „Schneeweißchen und Rosenroth". Bleiben wir beim Hauptwerk!

13. Kein Geringerer als Udo Lindenberg übernimmt den Helden-Part. Ohne Hut sieht Udo so aus wie Herbert Roth mit fast 100 aussehen würde. Seine Frau Edelgard Roth wird von Ute Freudenberg gespielt. Für die beiden geht's hinterm Horizont immer weiter. Wenn sie gemeinsam in den Wald ziehen, ist das wie eine Koalition: Roth-Roth-Grün.

14. Ein Gast-Star tritt im Musical auf: Claudia Roth. Sie fährt in einer Szene mit dem E-Bike über die Bühne. Für mehr reicht der Saft nicht.

15. Viel zu lange wurde viel zu wenig aus der Nationalhymne Thüringens gemacht. Das ist vorbei. Jetzt erschallt sie in Dauerschleife, in Rothation. Denn zu jeder vollen Stunde wird die Hymne über öffentliche Lautsprecher abgespielt. Alle Menschen und alle Tiere stehen still, weil der starke Akkordeon-Arm es so will. Wehe, wer da zithert ... denn das mit der Zither, das ist ein anderes Lied.

Das ist sie, die Liste Roth. Sie soll wachsen und gedeihen. Bitte setzen Sie sie fort. Verstehen Sie diese Stelle als den interaktiven Teil dieses Buches:

Wenn Ihnen ein Eintrag besonders gut gefällt, bitte Roth anstreichen!

Wenn Ihnen selbst einer eingefallen ist, mailen Sie uns diesen bitte an liste-roth@salierverlag.de!

Wenn Ihnen beides nicht behagt, blättern Sie rasch weiter!

Die Fünf:
Das sollten Sie nie in Ihren Rucksack packen

Damit die nächste Wanderung gelingt, sollte kein Plunder in Ihrem Rucksack sein. Diese fünf Dinge gehören niemals hinein:

Erstens: Ein Pilzkörbchen
Pilzesammeln ist eine völlig andere Tätigkeit als Wandern. Beides schließt sich gegenseitig aus. Wer wandert, will vorankommen. Wer Pilze sammelt, ist angekommen. Sie oder er hat die gute Stelle gefunden und denkt nur noch an ein volles Körbchen. Wandersmann und Pilzsammelfrau haben grundverschiedene Interessen und werden schrecklich aneinandergeraten.

Zweitens: Ein Klavier
Nirgends lässt es sich ordentlich aufstellen, denn der Waldboden ist meist uneben. Zudem reicht die kurze Rast nicht, um ein epochales Werk zu Ende zu bringen. Es ist höchstens Zeit für eine knackige Etüde oder ein illustres Tänzchen. Beides wird den Klavierspieler nicht zufrieden stimmen, hat er doch das Instrument extra mitgeschleppt. Apropos Stimmen: Es ist relativ unwahrscheinlich, vor dem Konzert einem Klavierstimmer im Wald zu begegnen. So wird der Musiker am Ende traurig und am Boden zerstört auf einem Baumstumpf hocken, denn leider hat der Klavierhocker nicht mehr in den Rucksack gepasst.

Drittens: Handfeger und Kehrblech
Nur im Lied von Hauff und Henkler „Auf die Bäume, ihr Affen" wird der Wald gefegt.[7] In Wahrheit nicht. Höchstens in Wandlitz bei früheren Staatsbesuchen in der DDR. Und heutzutage im Webicht bei Weimar, durch das der Stadtförster die Kehrma-

---

7 Ja, ich weiß, ich habe dieses Lied bereits erwähnt. Wie peinlich! Vermutlich hat es mich sehr geprägt.

schine schickt. Oder wenn Opa Paul sich selbst ein Fichtenna-
delbad zusammenstellen möchte. Das ist weit hergeholt.

Maximal helfen Handfeger und Kehrblech im Rucksack mit
einer Eselsbrücke auf die Sprünge: Sollte ein flotter Feger in
der Wandergruppe sein, sollte man bei der nächsten Einkehr
für ihn blechen.

Viertens: Eine Kindergartengruppe
Auch sie gehört nicht in den Rucksack. Die Blagen können al-
leine laufen. Sie sind wuselig, laut und verscheuchen die Tiere.
Außerdem heulen sie schnell, weil eine Wanderung für sie tod-
langweilig ist. Ständig haben sie einen Stein im Schuh, wollen
immerzu ein Eis, und der Kevin hat die Jennifer mit einem Stock
gehauen und sich selbst dabei fast ein Auge ausgestochen. Und
überhaupt, was machen diese Kinder ohne Betreuung im Wald?
Wo ist die Kindergärtnerin? Ha, vergessen einzupacken!

Fünftens: Eine Banane
Sie wird braun und matschig und verschmiert den Rucksack.
Die halbzerdrückte Banane, die auf unerklärliche Weise immer
nach ganz unten rutscht, überträgt diese klebrige Schmiere
auf die Hände, die sie herauskramen. Anschließend muss man
kilometerweit mit schmutzigen Bananenpfoten herumlaufen.
Sie werden noch schmutziger, denn durch die extreme Kleb-
rigkeit bleibt alles daran haften. Es gab Mitwanderer, die sich
mit einem lauten „Ratsch" von einem festgeklebten Eichhörnchen befreien mussten. Dies möge uns künftig erspart bleiben
– Mensch und Eichhörnchen gleichermaßen.[8]

---

8 Eine Bitte, wenn Sie trotz dieser Warnung nicht auf Bananen verzichten
   wollen: Stecken Sie die glitschige Schale nach dem Essen unbedingt zurück
   in den Rucksack! Wer sie ins Unterholz wirft, riskiert, dass Hasen und Rehe
   darauf ausrutschen und den Slapstick für sich entdecken. Sie können lange
   üben, denn eine Bananenschale braucht drei Jahre, bis sie verrottet ist.
   Weitere Gefahren, die im Wald drohen, finden Sie auf Seite 48.

Plitsch, platsch, SUPer-Natsch

Es liegt auf der Hand, dass man im Sommer anders wandert als im Frühling, Herbst und Winter. Ich empfehle Wasserwandern.

Damit meine ich nicht das Herumlaufen um Talsperren wie Weida und Heyda, wobei Weida die hübsche Tochter ist und Heyda die hässliche. Heyda hat garstige Baumstümpfe, die das Ufer spicken. Weida hat die herrliche Karpfenwiese, die tatsächlich so heißt und auf die ich mich nachmittags legen würde, wenn ich Karpfen wäre.

Ich denke bei Wasserwandern auch nicht daran, Achten um die Plothener Teiche zu ziehen und nachzuzählen, ob das „Land der Tausend Teiche" seinem Namen gerecht wird oder findige Pfadfinder ab Teich Nr. 100 großzügig nach oben aufgerundet haben.

Schon gar nicht heißt Wasserwandern für mich, in einem ausgeleierten Tretboot auf dem Hohenwarte-Stausee ums nackte Überleben zu kurbeln bei dem Versuch, dem omnipräsenten Ausflugsdampfer zu entkommen und seiner Fahrrinne zu entfliehen.

Nein, ich suppe. Sie werden vielleicht sagen: „Du arme Suppe!" Dieses eine Mal stimmt das nicht, denn „SUP" steht für „Stand-Up-Paddling". Wer das ausübt, kann verkünden: „Ich stand-up-paddle jetzt eine Runde, Liebling!" – „Ich suppe, Else", ist deutlich knackiger.

Ein Brett, nicht vom Tischler, sondern vom Surfer, dazu ein Paddel – so ausgerüstet stechen wir in See und schippern voran. Wobei es mir am Anfang nicht leichtfiel, vielmehr fiel ich leicht – statt voranzuschippern oder überhaupt auf dem Board zu stehen. Deshalb testete ich das Suppen weit entfernt von Thüringen im Ausland, wo mich niemand aus meinem Bekanntenkreis beobachten konnte.

Als ich dachte, es endlich zu beherrschen und mich stolz auf-richtete wie der König der Binnenmeere, plumpste ich tumb ins Wasser und verlor meine edle Sonnenbrille. Seitdem trägt irgendein Hecht im österreichischen Traunsee eine Ray Ban und ist der Oberchecker im Bezirk. Während ich blind wie ein Maul-wurf und entkräftet zurück an den Hotelstrand gespült wurde. Brenda hingegen ist ein Naturtalent und prescht auf ihrem Brett davon, wenn wir auf den Seen um Erfurt suppen. Ich pflü-ge mit meinem Paddel den See um und bewege mich trotzdem in Zeitlupe. Sie ist das Surfer Girl, ich bin eher ein Findling auf einem Brett. Ab und zu dreht sich Brenda gnädig auf dem Was-ser um, um mir demütigend zuzurufen: „Wo bleibst du denn?"

Inzwischen prallt das an mir ab. Ich bin ein Genuss-Paddler, und wenn es mitten auf dem See windig wird, setze ich mich hin und treibe nicht davon, während es Brenda ins Schilf pustet oder ins hinterste Eck des Alperstedter Sees. Dort schaukelt sie hilflos auf ihrem Brett am Ufer und kommt nicht mehr in Fahrt. Wind und Strömung sind stärker als sie.

In solchen Momenten vergesse ich, dass sie nicht auf mich gewartet hat. Ich schaufle mich zu ihr in die zugige Ecke des Alpis. Der Wind wird noch stärker, die Brandung faucht, Wellen schlagen ans Ufer. Ich erreiche Brenda, nun stecken wir beide fest. Ich stelle mir vor, dass wir auf einer Insel gestrandet sind und nichts zu essen haben. Gleich finden uns Kannibalen. Die haben es besser.

Obwohl diese Idylle schnell einen Knacks kriegt. Hinter uns wird mit viel Lärm Kies abgebaut. Autos brettern auf der Stra-ße, die aus Erfurt führt, vorbei. Nebenan zelten ein paar Typen und hören Hip Hop. Rentner liegen am Wasser und meckern über die Musik.

Tatsächlich bin ich nicht direkt zu Brenda gepaddelt. Ich kahne noch weit draußen auf dem See herum, „ich hab' noch Wasser unterm Kiel", wie wir Supper das nennen. Von meinem Board aus gebe ich Brenda Zeichen, sie winkt verzagt zurück – die Hip-Hop-Mucke ist wirklich scheußlich – dann drehe ich bei und schaufle mich im Sitzen zurück zur SUP-Basis. Dort ziehe ich mein Brett an Land und renne barfuß um den halben See, um Brenda zu retten.

Unterwegs kommt sie mir auf der Straße in einem Cabrio entgegen: Sie hat einem älteren Herrn, der auch keinen Hip Hop mochte und ihm entfliehen wollte, schöne Augen gemacht und sich mitnehmen lassen. „Das Board liegt noch da", schreit sie und deutet mit dem Paddelgriff vage hinter sich. Schon ist sie an mir vorbeigesaust.

Ich finde das Board, leider ist das Paddel bei Brenda. Darum kann ich nicht übers Wasser zurück. Ich renne wieder um den halben See. Diesmal nicht, um Brenda zu retten. Sondern weil der asphaltierte Weg, auf den die Sonne ballert, heiß wie eine Herdplatte ist. Unterm Arm klemmt das Brett. Ich verstehe nun, was „Klemmbrett" bedeutet. Ab und zu wechsle ich die Seite.

Schließlich bin ich an der Basis. „Aqua Fun" heißt sie, ich hatte meinen Spaß. Es riecht nach Gegrilltem. Ich tauche meine angebrannten Füße ins Wasser. Es zischt.

„Du bist mein Held", säuselt Brenda und drückt mir ein kaltes Bier von den „Aqua Fun"-Jungs in die Hand. „Warum bist du denn nicht gepaddelt?"

„Weil kein Paddel da war", knurre ich.

Ich weiß nicht, ob Brenda mich verstanden hat. Das Zischen, das von meinen Füßen kommt, ist ziemlich laut. Sie lächelt unsicher. Das ist ein gutes Zeichen. Jedenfalls für mich.

Seitdem das geschehen ist, suppe ich viel lieber als vorher. Ich muss nur davor oder danach am Ufer besorgt auf die fast verschwundenen Brandblasen an meinen Füßen schauen – sofort kauft Brenda mir ein kühles Bier an der Strandbar, am Imbiss, im Café. Dafür hat es sich gelohnt.

Ich sitze derweil am Wasser und gebe den SUP-Frischlingen kluge Ratschläge: „Du musst weiter hinten stehen!", „Dein Paddel ist zu kurz!", „Du hältst es verkehrt herum."

Brenda bewundert mich. Ich hoffe, das hält eine Weile an. Spätestens, wenn ich das nächste Mal vom Brett falle, ist der Zauber vorbei. Ich weiß: Nur ein Platsch – und ich bin wieder Kudernatsch.

Du wirst nicht alt im Thüringer Wald
Geschrieben für die erste Wanderlesung
im Sommer 2021[9]

Irgendwann erreicht man bei einer Wanderung im Thüringer Wald immer diese Kreuzung, an der ein Schild fehlt, und die Wandergruppe zankt, wo es weitergeht. Bis einer glaubt, an der Rinde eines Baumes die verwaschene Wegmarkierung wiederzuerkennen: Weißes Kästchen mit gelbem Kreis. Das könnte aber auch der kunstvolle Schiss eines Eichelhähers sein.

Bei dieser Desorientierung hilft die Holzwirtschaft mit dem beliebten Brauch nach, wegweisende Bäume an Gabelungen umzusägen und davon auszugehen, dass die Markierung von allein nachwächst.

Weiter westlich im Hainich sind die Wege ordentlich ausgewiesen, was ebenso ordentlich Preise einheimste. Wahrscheinlich hat dort jemand eine Wagenladung XXL-Stullenbrettchen abgekippt, ein anderer hat mit seinem Lötkolben Katzen reingebrannt, und der nächste hat diese Katzen-Brettchen geschickt in der Landschaft verteilt. Fertig war der Wildkatzenpfad. Wer mitgezählt hat: Dafür braucht man mindestens drei Leute mit den geeigneten Mitteln, und diese Drei müssten miteinander reden.

Das liegt den Leuten im Thüringer Wald eher weniger. Sie reden wenig bis gar nicht. Und wenn, dann kullert so etwas heraus wie: „Was wollen die Fremden in unserem Wald? Der gehört uns!" Ganz nach James Bond und Otto Waalkes' Zwergenfilmen: „Der Wald ist nicht genug."

Das kann ich verstehen: Die Südthüringer haben nur ihren Wald. Sie laufen, seit sie laufen können, darin herum. Wo sonst

---

9   Diese fand im sicheren Erfurter Steiger statt, weit entfernt vom Thüringer Wald und beaufsichtigt von einer Försterin. Es soll sich sogar um die erste Wanderlesung der Welt gehandelt haben. Darauf haben der Veranstalter und ich uns geeinigt.

Verlierer Thüringen.

Lieber Waldbesucher!

An dieser Stelle dürfen Sie über das Abladen von Gartenabfällen und Müll noch nicht einmal nachdenken!

Oberförsterei Dippmannsdorf

FORST
Brandenburg
Landesbetrieb

Gewinner Brandenburg.

sollten sie das tun? Da müssten sie ja hinter den Berg oder durch den Tunnel. Fremde können sie deshalb in ihrem Thüringer Wald wirklich nicht gebrauchen.

Die Gastronomie hat das hervorragend begriffen und setzt eine ausgetüftelte Abschreckungstaktik um. Unfreundlich wird abgefertigt, was abgefertigt werden muss. Niemand soll länger verweilen. Das Essen schmeckt so, dass es niemand ein zweites Mal bestellen würde (K.-hahn bei I.-nau). Die süßen Sachen sind minutengenau erst ab 14.30 Uhr erlaubt und nicht eher (K.-grund bei O.-hof). Wer davor an die Kuchenvitrine tatscht, dem werden die Hände abgehackt. Es ist eiskalt im Gastraum, weil der Kamin erst eingeheizt wird, wenn die letzten Gäste gegangen sind (S.-häuser in L.-thal). Die Preise hauen einen vom Schlitten – und das sogar im Sommer, wenn kein Wintersport ist (C.-tina in O.-hof). Da kostet ein doppelter Enzian so viel wie ein halber Wochenendeinkauf.

Mein Favorit ist ein Ausflug mit der Oberweißbacher Bergbahn. Oben eingetroffen im Gute-Laune-Cabrio-Waggon erwartet die Besucher ein Schlechte-Laune-Mitropa-Speisewagen. Bestimmt wurde die Bedienung einst mit ausrangiert und hat ihr Leben satt. Sie watschelt an den Tisch, knallt ihren Wischlappen auf die Platte, dass es spritzt, und ranzt die Kaffeegäste an: „Und, will jemand ein Eis?"

Am besten öffnet so ein Ausflugslokal erst gar nicht. „Heute Ruhetag" oder „Geschlossene Gesellschaft" kann eine Saison lang hängen bleiben. Oder gleich „Wegen Reichtum geschlossen". Für Fremde war da schon vor dem Lockdown Lockdown. Es bleibt offen, was offen ist.

Längst haben sich auswärtige Wanderfreundinnen und Wanderfreunde auf diese unklare Gastrolage eingestellt und führen üppig Proviant mit sich. Sie pfeifen auf die Einkehr. Man muss sie also künftig dort erwischen, wo es richtig wehtut, um sie zu vergraulen. Im geliebten Wald, beim Wandern! Das hat der Südthüringer erkannt.

Darum fehlen Beschilderungen oder werden nicht erneuert, wenn sie verrottet sind. Darum ist der gepriesene Aussichtspunkt, den man nach zwei Stunden durchgeschwitzt erreicht, komplett zugewachsen. Darum ist die Bank, die dort stand, längst andere Wege gegangen. Darum werden Rundwege um Talsperren hässlich zubetoniert. Darum werden Bäume gefällt – wie die Schnapsbuche von Tambach-Dietharz, die nun eine Schnapsleiche ist. Darum höre ich jetzt lieber auf, ich will das Schicksal der Buche nicht teilen.

Dramatisch fassen wir zusammen: Kein Essen, kein Wanderspaß, keiner redet mit dir – du wirst nicht alt im Thüringer Wald. Deutschland ist die Service-Wüste und der Thüringer Wald ist das dürre Gestrüpp mittendrin.

Nach diesem Weckruf wird sich aber alles zum Guten wenden. Gebratene Tauben werden durch den Wald fliegen, Honig und Milch werden in den Bächen fließen. Die Menschen werden lachen und tanzen und weit die Arme öffnen, um Gäste zu empfangen. Sie werden sich gegenseitig so viel zu erzählen haben.

Wanderwege werden hervorragend beschriftet und hell beleuchtet sein und zu den allerlieblichsten Stellen führen, an denen schmackhafte Snacks zu fairen Preisen angeboten werden. Das ist der Beginn einer neuen Ära. Dankbarkeit erwarte ich nicht. Ich freue mich, dabei sein zu dürfen.

Die Fünf:
Diese Gefahren müssen Sie kennen

Im Wald drohen schreckliche Gefahren, die einem das Überleben erschweren. Nicht umsonst heißt dieses Buch „Du wirst nicht alt im Thüringer Wald". Diese fünf Gefahren sollte jede und jeder kennen.

Erstens: Die Natur

Die Natur begegnet uns fest, flüssig oder als Luft. Sie unternimmt alles, um uns aus der belebten Natur in die unbelebte Natur zu überführen.[10] Dafür sind ihr alle Mittel und (Wander-) Wege recht.

Beginnen wir mit der Luft. Die Natur ist so gebaut, dass sie Löcher hat. Sie sind die luftigen Auslassungen der Natur. Ob kleine Löcher, die die Wühlmaus gräbt, oder große Löcher, die man Abgrund nennt – stets muss man im Wald aufpassen, wohin man tritt. Es könnte ins Nichts gehen. Beim kleinen Loch knickt vielleicht der Fuß um. Beim großen Loch bleibt höchstens Zeit für einen Mini-Abgesang, wenn man über die Felskante stolpert und fällt und fällt und fällt: „Ich hab' heut' nur kurz geträumt, dann habe ich den Rest versäumt ..."

Um diese gemeinen Luftlöcher herum ist Natur satt. Mit festem Untergrund, in dem sich tückische Wurzeln unter hingestreuten Nadeln verstecken. Sie tauchen urplötzlich auf, stellen und brechen Bein und gehen ungünstige Verbindungen mit den Schnürsenkeln der Wanderschuhe ein. Fies bewirft einen die Natur mit Kiefernzapfen, dass man einen Augenblick abgelenkt ist – schon fordert die Wurzel ihren Tribut. Es ist ein hässliches Geräusch, dieses Knacken der Knöchel ...

---

10 Ich soll ausrichten: Das Totholz lässt grüßen.

Eine weitere üble Laune der festen Natur ist der Ast. Er peitscht den Hintern, spießt sich in den Bauch, schmettert auf den Kopf. So, wie nur er das kann. Astrein! Flüssige Natur hingegen verschafft uns patschnasse Füße. Diese flüssige Natur kann man sich vorstellen wie eins der beschriebenen Löcher, diesmal bis obenhin mit Wasser gefüllt. Sie werden zu Bächen und Tümpeln, und in ihnen haust der nächste Schrecken der Natur: die Stechmücke. Ich will hier nicht aus einer Mücke einen Elefanten machen, aber sie ist erbarmungslos, wenn sie in Formation angreift. Wie oft bin ich von einer sommerlichen Wanderung als Streuselkuchen heimgekehrt! Und wenn dich dazu die Zecken necken und dein Gehirn ausschlecken ... wird die Natur final vollstrecken.

Zweitens: Das Klima
Eine arg unterschätzte Gefahr ist das Klima. Das Klima in der Wandergruppe, stimmt es oder ist es vergiftet? Haben alle dieselben Interessen, ein ähnliches Tempo und Erfahrungen im Umgang mit der Natur? Fressen mir die anderen meine Wanderschnittchen weg oder haben sie selbst welche dabei, die ich ihnen wegfressen könnte? Würden sie mich verletzt zurücklassen oder mit ins Ziel schleppen? Wem kann ich trauen, wen soll ich hauen? Das Klima in einer Wandergruppe ist nicht auf die leichte Schulter zu nehmen, besonders in Momenten, in denen es im Wald dunkel und unübersichtlich wird.

Drittens: Der Verkehr
Der Verkehr im Wald ist schrecklich. Es kann die einsamste Stelle unter den Tannen sein, die man sich zum Verschnaufen ausgesucht hat, schon springt ein Mountainbiker hervor. Schlammbespritzt und behelmt rast er über den schmalsten Pfad. Wer nicht beherzt beiseite hopst, wird umgenietet und trägt danach breite Reifenspuren quer über seinem Gesicht. Meistens ist der Mountainbiker nicht allein, sondern liefert sich Rennen mit seinesgleichen. Wer es darauf anlegt, kann sich also gleich mehrfach zeichnen lassen. E-Bikes steigern die Wahrscheinlichkeit.

Auf dem Forstweg ist es noch gefährlicher. Hier fahren echte Förster und solche, die gern welche wären, mit Pick-ups, Quads und SUVs Runden, um aufzupassen, dass die Kiefern und Fichten nicht verschwinden – wobei sie mit ihren Fahrten genau dazu beitragen.

Gar kein Platz bleibt mehr, wenn ein Holzlaster oder ein Traktor vorbeidonnert. Beide müssen donnern, denn das belegt, dass sie nicht zum Spaß im Wald sind, sondern zur Arbeit. Wer hier zur Erholung herumstrolcht, sollte das besser woanders tun.

Viertens: Die Kommunikation

Die Kommunikation spielt im Wald eine wesentliche Rolle, nämlich gar keine. Da man mit dem Handy keinen Empfang hat, fallen WhatsApp, Social Media und das simple Telefonieren komplett aus. Besonders junge Menschen leiden nach spätestens 15 Minuten an schweren Entzugserscheinungen. Nach 30 Minuten liegen sie zuckend am Boden. Nach 45 Minuten ist es vorbei. Das nennt sich „offline".

Fünftens: Das Wetter

Am Ende bleibt das Wetter. Sturm, Gewitter, Regen, Schnee, Dürre und Trockenheit – es passt nie. Man ist zu dünn, zu dick und stets unpassend angezogen. Die Regenjacke fehlt und hängt daheim am Haken, man schleppt sie sinnlos herum, oder man hat sie an und schwitzt sich tot. Das ist nicht gesund.

Das Wetter macht, was es will, und meistens das Gegenteil von dem, was die Wetterfrösche im Thüringer MDR-Ableger so quaken. Das Wetter, der alte Schlawiner! Ein Reporter aus dem Frosch-Team redet über das Wetter als Person und verwendet Sätze wie: „Das Wetter hat sich was für uns ausgedacht", „Das Wetter gibt den Ton an" oder „Das Wetter spielt die erste Geige". Dagegen will ich nicht wettern. Das Wetter ist der Bestimmer, ob es nun mit der Geige selbstausgedachte Eigenkompositionen vorträgt oder nicht.

Fassen wir zusammen, was gegen den Wald spricht: die Natur, das Klima, der Verkehr, die unmögliche Kommunikation, das Wetter.

Deshalb lassen Sie es sein! Laufen Sie nicht los! Wenn Sie schon unterwegs sind, kehren Sie sofort um und lesen Sie daheim auf dem Sofa weiter in diesem Buch! Das ist ungefährlich. Eltern haften für ihre Kinder.[11]

Eben schien doch noch die Sonne ...

---

11 Weniger gefährlich sind die Tiere, die Ihnen im Wald begegnen können. Es sei denn, jemand lässt seinen Kampfhund von der Leine. Seien Sie vorbereitet, stellen Sie sich auf die Worte ein: „Der tut nichts, der will nur spielen." Mehr zu den Tieren folgt auf Seite 66.

Der Horst im Forst

Die Sonne scheint,
Die Pilze sprießen.
Der Horst will
Eine Wildsau schießen.

Leider ist er etwas dumm
Und schießt wild im Wald herum,
Erwischt die Eichen und die Buchen
Und die, die drunter Pilze suchen.

Da sind die Gabi und der Steffen.
Wird er wohl die beiden treffen?
Die erste Patrone
Streift die Marone.
Noch so ein Ding,
Ein Pfifferling.
Und dann macht es deutlich „Dong".
Ein Abpraller vom Champignon!

Das reicht! Es gibt kein Halten mehr.
Die Pilze leisten Gegenwehr
Und holen ihre Knarren raus:
MPi, MG, 'ne Panzerfaust.
Sie konnten scheinbar viel entwenden
Aus alten NVA-Beständen.
Munition ist auch dabei,
Also heißt es: „Feuer frei!"

Makarov, Kalaschnikoff,
Ja, sie halten alle droff.
Es knallt im Wald,
Und schallt und hallt.

Gabi, Steffen, Zivilisten,
Die, die sich zuerst verpissten,
Jeder zieht sich schnell zurück.
Der Horst hat dabei gar kein Glück.

Die Pilze schießen aus dem Boden
Und treffen ihn zuerst am Knie.
So viel Feuerkraft war nie.
Der Röhrling schießt aus allen Röhren,
Er will einfach nur zerstören.
Selbst die Glucke Krause
Will keine Feuerpause.

Morchel, Stäubling, Schwämmchen
Sind verschanzt am Tännchen.
Als Fliegenpilz' Granate fliegt,
Ist der Horst komplett besiegt.

Nachdem der Pulverdampf sich legt,
Ist der Wald wie leergefegt,
Kein Horst im Forst,
Kein Mann im Tann,
Jetzt fangen bess're Zeiten an,
Die Pilze packen alles ein,
Nun soll wieder Frieden sein.

Wie märchenhaft! „Es war einmal ..." kann man oft im Thüringer Wald sagen.

Rrruedgäbble

Ein kleines süßes Mädchen hüpft durch den Thüringer Wald. Es hat ein Körbchen dabei mit Rotkäppchen-Sekt und Knackwürsten. Es will die Oma besuchen, in ihrer Laube mit dem Asbest-Vordach. Hier ist die Welt noch in Ordnung. Der Tag beginnt mit Eierlikör. Vielleicht sprechen die Leute deshalb weicher und wärmer als woanders und verharren und schnarren so gern beim Buchstaben R. Wie das Rrruedgäbble. Das kleine süße Mädchen macht da keine Ausnahme.

Es hüpft ein bisschen weiter und tritt ein abgefallenes Schild vom Wanderweg hinunter in den munter plätschernden Bach. Andere mögen nun vom rechten Weg abkommen, aber nicht das Rrruedgäbble. Das stammt aus der Gegend und kennt sich aus.

Da begegnet ihm der Wolf.

„Guten Tag, Rotkäppchen", sagt er höflich, wie er es im Deutschkurs gelernt hat. Der Wolf ist nicht von hier. Er ist Einwanderer. „Wohin des Wegs, junges Fräulein?"

Das kleine süße Mädchen ist von Null auf Hundert gar nicht mehr süß und pampt den Wolf an: „Zurrr Omo. Oborrr dos gehd düch gorrr nüchds on."[12]

„Hä?", sagt der Wolf und puhlt in seinen Ohren.

„Wonn üch dirrr'n gudn Rrrod gehm dorrrf: Vorrrschwonde! Do würrrst nichd old im Dürrringerrr Wold!"

Das Mädchen lässt den Wolf stehen und hüpft wieder zuckersüß weiter. Der Wolf hat kein Wort verstanden und keinen Schimmer, dass Thüringen nur ein Transitland für Wölfe ist. Sie sind hier nicht erwünscht. Sie ziehen durch und lassen sich besser woanders nieder. Ein, zwei haben es gewagt, in Thüringen zu bleiben. Gefährlich! Die Leute hören „Wolf" und drehen

---

12 Dieser Dialekt lässt sich kinderleicht verstehen, wenn man diese und die folgenden wörtlichen Reden laut liest. Also LAUT.

durch. Im Dorf wohnt ein Mann, den keiner leiden kann. Er heißt Wolf-Rüdiger.

Der Wolf rennt zum Haus der Großmutter. Er hat irgendwo gelesen, dass es dort für ihn weitergeht. Die Großmutter ist nicht da, sie ist in ihrer Laube. So steht es auf einem Zettel an der Haustür: „Bin in der Laube." Also rennt der Wolf zur Laube. Dort hat er kein Glück. Die Großmutter ist topfit und geimpft. Wie eine echte Südthüringerin hat sie eine Knarre im Schrank und eine Simson unterm Vordach.[13] Mit dem Moped und der Knarre treibt die Großmutter den Wolf über die Landesgrenze. Damit der Wolf nicht so schnell wiederkommt, nimmt sie nicht die Landesgrenze zu Bayern, sondern die zu Sachsen-Anhalt.

Es geht zuletzt geradewegs über die A 71: der keuchende Wolf vorneweg, dahinter die Großmutter mit der Knarre im Anschlag auf ihrer knatternden Simson. Immer wenn es eine Fehlzündung gibt, denkt der Wolf, die Alte hat auf ihn geschossen, und springt senkrecht in die Luft. Erst am Dreieck Südharz dreht sie ab und fährt heim. Der Wolf bleibt zurück und findet eine Zukunft – vielleicht in Wolfen.

Die Großmutter malt sich die komplette Rückfahrt über aus, wie der Wolf in Sachsen-Anhalt den Frühaufstehern in den Arsch beißt. Sie lacht in den Gegenwind.

Zuhause wartet das Rrruedgäbble. Es hat den Sekt kaltgestellt und eine der Knackwürste genascht. Die Oma stellt die Simson ab und lehnt die Knarre an die Laube. Rrruedgäbble holt den Sekt raus und schenkt der Oma ein.

„Rrruedgäbble, du host vühl Boddenziol", lobt die Großmutter. Sie zeigt auf die Simson, die Knarre und die Laube. „Dos würrrd olles mol dirrr gehörrrn."

Rrruedgäbble freut sich. Es darf einen Schluck Sekt kosten, aber nur einen kleinen, und verspricht der Oma, in der Schule

---

13 Diese Simson ist eigentlich ein „Mokick" und kein „Moped", weil sie keine Pedale, sondern einen Kickstarter hat. Umgangssprachlich hat sich „Mokick" allerdings nicht durchgesetzt. Ich kenne niemanden, der das sagt. Wie die Großmutter fuhr auch ich in den 80er Jahren eine SIMSON S 51 B 2-4/1 electronic.

immer gut mitzumachen und später mal Friseurin zu werden. „Do hosst do oberrr nüchd gud owgepossd im ledzdn Johrrr", sagt die Großmutter, „oborrr dos würrrd schon midderrr Garrrona[14]."

Rrruedgäbble nickt, und die Oma fährt fort (also mit ihrer Rede, nicht mit dem Moped, dafür müsste sie erst nachtanken). „Hürrr konn mon old werrrn, wenn mon von hürrr is. Sühsd es jo on mirrr, hohoho." Rrruedgäbble stimmt in das Lachen ein. Es ist spät geworden. Das Mädchen wird bei der Großmutter übernachten. Gemeinsam sitzen sie vor der Laube unter dem Asbestdach und schauen, wie die Sonne untergeht. So gut man das eben zwischen all den Bäumen sehen kann.

---

14 Ja, die Großmutter sagt: „Carrrona". Und sie sagt auch: „Astrrra Senegal".

Es Sühler Rrruedgäbble
Rough Rüttinger Remix[15]

Ä klei hüsch Mädle höpft durch dan Thüringer Waald. Es hot ä Körbla debei mit Rrruedgäbblesekt on Knackwüscht. Es will die Grußmutter besuech en dan Godehaus mit dan Asbest-Vürdooch. Do es die Welt noch in Ordnung, da Dooch geht mit Eierlikör lus.

Vielleicht babbern die Leut dütt dantweche wörmer on wäicher als bu anerschte on schnorre so genn ben Buchstab Rrr. Bie dos Rrruedgäbble, dos klei süß Mädle, dos is do kä Ausnohme. Es höpft ä bissle waiter on trett ä Scheld von Wanderwag ro, no in dan monter plätschernde Boch. Annere wänn nu von richtige Wag obgekomme on sich verlaffe, ober net dos Rrruedgäbble. Dos stommt vo do on kennt sich jo aus. Do begähnt se dan Woulf.

„Guden Dooch, Rrruedgäbble", sät he höflich, bie er's in dan Deutschkurs gelennt hot. Da Woulf is ke Hiesiger, he is ä Eiwannerer ä Uhiesiger, ä Fremer halt. „Wohie willste, jonges Mädle?"

Dos klei Mädle es vo Null auf Honnert gonet me hüsch on fotzt dan Woulf o: „Zur Oma, ober dos gehd diech gonischt o."

„Bos?", söt da Woulf on buhrt sich in de On.

„Bann ich diech en Rot gega ko: Verschwenn! In dan Thüringer Waald wöscht de net aalt!"

Dos Mädle lässt dan Woulf stenne on höpft eifich zockersüss waiter. Da Woulf hot nischt verstanne on hot kenn blasse Dunst, doss Thüringen narre ä Transitlaand für die Wülf es. Die

15 Diese echte Mundart-Version soll bitte dafür entschuldigen, dass ich eben im Original in einem Möchtegern-Dialekt herumgestümpert habe. Die Wiedergutmachung stammt aus Suhl und ist in „Sühler" Dialekt. (Anmerkung des Verlegers: Weitere Südthüringer Dialekte lassen wir an dieser Stelle aus, auch wenn sich Herr Kudernatsch sehr stark dafür gemacht hat, um sich mit der gesamten Anwohnerschaft zu versöhnen. Allein es fehlt der Platz.)

sen do net willkomme, die ziehe eifich dorch on lasse sich bu anerschte nieder. Narre enner or zwe hon es sich gewocht on sen in Thüringen gebliewe. Gefahlich! Die Leut hüre „Woulf" on dren durch. In Duref es ä Mo dähämm, dan ko kenner geleit. He heäßt Wolf-Rüdiger.

Da Woulf rennt zu dan Haus vo de Grußmutter. He hot irchendwu gelast, dass es döt für ünn weiitergehd. Die Grußmutter es net dähämm, sü es in ün Godehaus. So stets aufen Zettel o de Haustür: „Bin en Godehaus." Do rennt da Woulf lus. Döt hot he ower kä Glöck. Die Grußmutter es topfit on geimpft. Wie ä echt Südthüringerin hot sü ä Knarre en Schaank on änner dan Vürdooch ä Simson stenne.

Mit dan Moped on darre Knarre treibt sü dan Woulf üwer die Landesgrenz fort. Domit hä net so schnell widder kömmt, nemmt sü net die Grenz nach Bayern, sü nemmt die Grenz nach Sachsen-Anhalt. Es gett grodwags üwer die A 71, da käuchend Woulf vonneweg, dähent die Grußmutter mit darre Knarre en Oschlog auf darre knatternden Simson.

Ömmer wann es ä Fahlzündung go, docht da Woulf, die Al hot of ün geschosse, on sprengt kerzegrod en die Luft. Escht on Dreieck Südharz dreet sü ob on fährt hämm. Da Woulf bleit zoröck on fend a Zukunft secher in Wulfen.

Auf de Röckfahrt molt sich die Grußmutter üwer aus, wie da Woulf in Sachsen-Anhalt dan Frühaufstehern in dan Orsch bäeist. Sü lacht in dan Geechewend. Dähämm wott dos Rruedgäbble, es hot dan Sekt kaaltgestellt on ä Knackwuscht genöscht. Die Oma stellt die Simson ob on lahnt die Knarre o dos Godehaus. Es Rruedgäbble holt dan Sekt raus on schenkt de Oma ei.

„Rruedgäbble, du host vül Bodenziol", lubt se die Grußmutter. Sü zeicht auf die Simson, die Knarre on dos Godehaus. „Dos würd olles minant mol dir gehörn."

Es Rruedgäbble fröt sich. Es dörf en Schluck Sekt probier, ower narre en klenne, on nocher versprecht es därre Oma, en de Schul ömmer guet mitzumache on späeter Friseurin zu wann.

„Do hosst de ower net guet ofgepasst en dan letzte Johr, ower dos wird schu widder wann mit darre Carona."

Es Rrruedgäbble nickt on die Oma fährt fot (mit ührer Rede, net mit dan Moped, da mösst se escht ämol nochtank): „Do ko mä ald gewa, bann me vo do es. Sühsd liecht's jö o miech. Hohoho!"

Es Rrruedgäbble stemmt en dos Lache vo die Oma mit ei.

Es es späet gewonn, dos Mädle wird be de Oma üwernochte. Zusomme setze die zwe für dan Godehaus önner dan Asbestdooch on gucke, wie die Sonn önnerget. So gut me halt zwesche de ville Bäm geguck ko.

Da geht's lang!

Wir treffen uns an der Staumauer. Hanne und Maik sind schon da, sie fahren ein schnelles Auto mit vier Ringen vorn dran. Brenda und Hanne fallen sich um den Hals. Maik kann kaum grüßen, er ist extrem abgelenkt. Brenda und ich haben die Nachbarin mit den blauen Augen mitgebracht. „Die mit den schönen Augen", wie die Schwiegermutter immer sagt. Sie heißt Magda und blinkert den Maik an.

„Da lang!" Ich zeige auf die Mauer zwischen der Bleilochtalsperre und der Burgkhammer-Talsperre, auch wenn keiner aufpasst. Alle sind beschäftigt. Brenda mit Hanne und Maik mit Magda. Ich laufe los, über die Mauer hinein in den Wald, Richtung Isabellengrün. So habe ich es daheim ausgetüftelt.

„Kannst du voll vergessen", stoppt mich Brenda, „Wir wollen erst ans Wasser."

Schon ist sie mit Hanne an der Mauer links abgebogen, runter an den Stausee. Unser Weg wäre nach rechts gegangen.

„Können wir nicht hier langlaufen? Hier ist es viel schöner", bettelt Brenda unten am Wasser.

„So kommen wir nie nach Burgk", antworte ich, noch motze ich nicht. Da entdeckt Hanne ein Wanderzeichen mit Kaffeetasse.

„Hier ist ein Café", teilt sie uns mit und liest vor: „Isabellengrün. Da wollten wir doch hin."

Jetzt motze ich.

„Nee, nicht ins Café! Der Wald heißt so. Wir können nicht nach zehn Minuten die erste Pause machen!"

„Warum denn nicht?", fragt Brenda zurück und geht mit Hanne einfach weiter. Maik springt mir nicht bei, der ist weit hinter uns mit Magda. Beide unterhalten sich angeregt. Ich schlappe ergeben den beiden besten Freundinnen hinterher.

Brenda und Hanne bleiben stehen, an einer Kreuzung wissen sie nicht weiter.

„Wo müssen wir denn lang?", wendet sich Brenda an mich. „Über das Café wäre es ein Umweg. Geradeaus gelangen wir auf unsere Strecke zurück. Das ist auf jeden Fall kürzer", behaupte ich.

In diesem kritischen Moment hilft mir die Natur. Brenda sieht einen riesigen Steinpilz. Er wächst zum Glück direkt neben dem Weg, den ich vorgeschlagen habe. „Guckt mal, guckt mal", fordert sie uns auf, bis alle gucken – selbst Maik und Magda, die inzwischen aufgeholt haben. Brenda erntet den Pilz, und ich darf ihn tragen, weil er so groß ist. Ein 30 Zentimeter hohes Prachtexemplar. Brenda und Hanne suchen im Unterholz neben dem Weg nach weiteren Pilzen.

„Eigentlich wollten wir wandern und nicht Pilze suchen", maule ich. Außer den Steinpilz, den ich transportiere, interessiert das niemanden. Maik und Magda sind weitergelaufen und nicht mehr zu sehen.

Mit dem Pilz in der Hand flitze ich los und hole sie an der nächsten Biegung ein. „Wartet mal, die anderen sind nicht so schnell", japse ich. Ich habe Magda und Maik bei ihrem Gespräch gestört, sie sind genervt. Sofort galoppiere ich zurück und bitte Brenda und Hanne, etwas schneller zu laufen. Sie stöhnen. So renne ich in der nächsten Dreiviertelstunde hin und her: „Nicht so schnell!", „Nicht so langsam!", „Nicht so schnell!", „Nicht so langsam!"

Endlich haben Magda und Maik Erbarmen. An einer Gabelung warten sie auf uns. Der Weg ist nicht mehr ausgeschildert. „Juchhu, Abenteuermodus!", jubelt Brenda. Hanne schaut sie verständnislos an.

„Was heißt das?" Auch Magda kann mit „Abenteuermodus" nichts anfangen.

„Na, du gehst nach Gefühl", erklärt Brenda. „Die ungefähre Richtung kennen wir ja."

„Da lang", schlage ich vor und zeige nach rechts.

„Was stimmt denn mit deinen Gefühlen nicht? Wir müssen geradeaus laufen", bestimmt Brenda. „Wenn kein Pfeil woanders hinzeigt, geht man geradeaus. Das weiß man doch."

Ich schmolle und schwenke den Steinpilz. Die Leute, die uns entgegenkommen, nicken mir anerkennend zu. Also die beiden älteren Herrschaften, denen wir begegnen. Vielleicht haben sie ohnehin mit dem Kopf gewackelt.

Ich schmolle noch ein bisschen mehr, weil Brendas Richtung stimmt.

„Siehst du", triumphiert sie. Dann fügt sie hinzu: „Am Wasser war's schöner, hier ist es langweilig!", und zieht mit Hanne an mir vorbei.

Damit bin ich Letzter. Magda und Maik sind voller Schwung und Dynamik längst über alle Berge. Oder zumindest auf dem, der vor uns liegt. Darauf thront ein nettes Schlösschen: Schloss Burgk. Es hat einen Park mit Saale-Blick und ein Restaurant mit Terrasse.

Bei meinen vergangenen Besuchen war das Restaurant stets geschlossen oder für eine geschlossene Gesellschaft reserviert. Darum habe ich unserer Wandergruppe eingeschärft, genug Proviant mitzunehmen. Wir würden nirgends etwas zu essen ergattern und müssten hungrig heimkehren.

Das Schlossrestaurant ist geöffnet, wir erhalten einen wunderbaren Platz auf der Terrasse. Brenda lacht mich aus. Der Ausblick auf die Talsperre ist so fantastisch, dass wir auf den Aussichtsturm verzichten, der nebenan steht.

Wir nehmen den Höhenweg. Das Panorama bleibt prächtig. Hanne läuft mit Brenda. Maik redet eifrig mit Magda. Ein Grüppchen hier, ein Grüppchen da. Auch ich bin nicht allein, ich habe den Pilz, mit dem ich die Romantik teilen kann. Ich nenne ihn Steini.

Ein Pärchen sitzt auf einer Holzbank und hat Weingläser und eine Flasche dabei. Neidisch schaue ich sie an. „Wir machen das auch nicht jeden Tag", entschuldigt sich der Mann. „Toller Pilz übrigens", fügt er hinzu. Steini und ich freuen uns über das Kompliment.

Der Weg führt hinab, wir sind wieder auf Stausee-Level. Das hält Brenda nicht aus. Wir verlassen die gute Route und kämpfen uns zur Wasserkante vor.

„Wir können hier unten weitergehen", ermutigt uns Brenda, nachdem sie mit Hanne die Füße ins Wasser gesteckt hat. Hanne nickt, ich nicke, Steini nickt.

Magda und Maik stehen ein Stück entfernt und quatschen. Vielleicht besprechen die beiden, wie der Maik der Magda am Kobersfelsen weiterhilft. Da ist ein Steig direkt an den Felsen gehämmert – und gleich darunter lauert die Talsperre mit ihrem nassen Wasser. Magda hat Panik deswegen.

„Übrigens ist dein Weg doof", teilt mir Brenda mit, als es am See doch nicht weitergeht und wir uns zurück durch meterhohes Unkraut kämpfen.

„Das ist nicht mein Weg", wehre ich mich.

„Als ob deiner besser gewesen wäre. Der hier ist wenigstens am Wasser."

„Oder im Wasser, wenn wir so weitergelaufen wären, wie du wolltest", verteidige ich mich. Hanne kichert.

Endlich sind wir zurück auf der offiziellen Piste und erreichen eine Brücke. Wir lassen den Blick übers Wasser auf uns wirken. Die Gruppe steht beieinander. Ich kann es kaum fassen. Nicht das Beieinanderstehen – es ist dieses Bild mit dem Wasser, dem Wald, dem blauen Himmel, das ich kaum fassen kann. Das ist wie ... wie ... wie in dieser berühmten Bierwerbung.

„Ha", es fällt mir wieder ein, „eine Perle der Natur!"

Die drei schauen mich mitleidig an. Steini versteht mich. Der Gedanke an die Bierwerbung macht mich durstig. Das muss ich verdrängen.

Wir passieren den Felsen mit dem Steig, den Höhepunkt der Wanderung. Magda ist überrascht.

„Ich habe gar nichts gemerkt", staunt sie.

„Weil du pausenlos mit Maik gequatscht hast", antworte ich nicht, sondern denke es. Wahrscheinlich hatte sich Magda ein paar lieblos zusammengenagelte Holzlatten vorgestellt. Und den Maik, der sie rettet, wenn die Latten brechen.

Auf dem letzten Stück der Wanderung verlieren wir erneut die Beschilderung. Brenda möchte wieder direkt am Wasser laufen. Alle folgen ihr.

64

„Und nun?", schnappe ich ein, weil noch immer ich der Wanderführer bin.

„Wir müssen zurück zur Staumauer. Die ist da irgendwo", lässt sich Brenda nicht beirren. Sie führt uns direkt an eine Wand. Das stört sie nicht. „Immer an der Wand lang", kalauert sie und schiebt in meine Richtung nach: „Das hätte eigentlich von dir kommen müssen."

Tatsächlich stehen wir kurz darauf an einer Straße, und an deren Ende stehen unsere Autos. Es folgt die große Verabschiedung. Magda und Maik versichern sich gegenseitig, wie fantastisch es ist, sich kennengelernt zu haben. Wir warten, dass sie fertig werden.

Anschließend sind Hanne und Brenda dran, die sich so lange nicht gesehen haben. Auch sie müssen „Auf Wiedersehen" sagen. Ich habe es besser, ich muss mich nicht verabschieden. Ich darf Steini behalten und mit nach Hause nehmen.

Unterwegs im Auto zähle ich die Höhepunkte des Tages auf: „Wasser, Wald, ein Schloss, ein Felsen und ein Ausblick wie in der Bier-Reklame ..."

„... und eine Einkehr", ergänzt Brenda. „Perfekt! Das wäre dir im Thüringer Wald nicht passiert."

„Wieso nicht?"

„Die wäre garantiert geschlossen gewesen", ist sich Brenda sicher.

Magda schweigt und träumt vor sich hin.

Daheim wird der riesige Pilz sofort gebraten. Nicht ohne, dass ihn Brenda mehrfach fotografiert hat, um damit bei WhatsApp anzugeben. „Er heißt Steini", verrate ich ihr. „Kannst du dazuschreiben."

Zu dem guten Pilz reiche ich Pils (da konnte ich nicht widerstehen) und die ollen Wanderbrote, die wir nicht gegessen haben. Sie wellen sich leicht, und der Käse ist am Rand hart geworden.

Das ist zu verkraften. Mehr geht nicht an einem Tag.

Die Fünf:
Diesen Tieren können Sie in Thüringen begegnen

Wer in Thüringen unterwegs ist, sollte auf tierische Begegnungen gefasst sein. Hier sind die Big Five, wie das in Südafrika heißt. Pfeifen kann man hier ebenso.

Erstens: Der Saurier

Wenn einem Tourismusbüro nichts mehr einfällt und nichts vor Ort sich schnuckelig vermarkten lässt, lohnt ein Griff in die Mottenkiste. Was tot ist, kann sich nicht wehren. So wird ein Saurier-Erlebnis-Pfad aus dem Boden gestampft.
Ein ausgehungerter Bildhauer hämmert ein paar hässliche Tiere zusammen oder wird endlich all jene Schwäne und Schweine

Guck mal, was da schwimmt.

los, die ihm in den letzten Jahren misslungen sind. Eine Beschriftung dazu mit „Bladibla-Ex-Saurus" – das „Ex" im Namen ist extrem wichtig – fertig! Kinder werden es lieben und Eltern werden es ertragen.

Saurier-Figuren stehen etwa in Georgenthal herum. Wer sie in den dortigen Hammerteich verklappt, schafft Schwimm-Saurier, wer sie – am besten zu viert angepackt – in die Luft wirft, Flugsaurier.

Mehr Unterhaltung bieten die Saurier am Jenzig in Jena. Durch technische Tricks werden sie zu Echsen mit Reflexen, wenn man ein Handy oder ein Tablet auf sie richtet. Dann wedeln sie mit dem Schwanz und verschlucken Tante Elfriede beim Sonntagsausflug. Leider nur virtuell, ohne Display ist Tante Elfriede wieder da und geht am Montag voll real zu Real einkaufen.

Zweitens: Die Wildkatze

Im Hainich schleicht sie vermutlich umher, niemand weiß das genau. Die Wildkatze zeigt sich nicht. Obwohl der Wildkatzenpfad und der Wildkatzenschleichpfad angelegt wurden, sitzt nie auch nur ein Exemplar am Wegesrand, leckt sich oder mauzt am leeren Milchnapf. Das ist gefährlich, denn diese Erfahrung haben wir in letzter Zeit gemacht: Schnell wird behauptet, dass etwas, das man nicht sieht, gar nicht existiert.

Darum hat man in Hütscheroda reagiert und in einem Gärtchen am Dorfrand ein paar dieser Wildkatzen dingfest gemacht. Dort tigern sie in Gehegen herum, dass jeder sie studieren kann. Sie sehen aus wie aufgeblasene Hauskatzen mit Garfield-Schwänzen dran. Vielleicht sind sie aufgeblasene Hauskatzen mit Garfield-Schwänzen dran, und die Dorfleute haben mit einem Kompressor und UHU-Kleber nachgeholfen.

Wer der Sache in Ruhe auf den Grund gehen und die eine oder andere Dorfmieze genauer kennenlernen möchte, dem sei das Hotel im Ort empfohlen. Man kann es nicht verfehlen: An den Giebel ist eine monströse Wildkatze gepinselt.

Drittens: Das Rhönschaf

Das Rhönschaf liebt die Röhn, denn sie ist so schön.[16] Das Rhönschaf ist einfach gestrickt und kriegt sich mit niemandem in die Wolle. Es will nicht weg. Es liebt die Gleichförmigkeit. Jeder Tag soll sein wie der davor, außer Wochenende. Die Verrückten sind woanders, nicht in der Rhön. Weil die nämlich so schön ist, was sich auf Rhön reimt. Täglich fährt das Rhönschaf mit dem Rhönrad zur Arbeit. Es ist Verkäuferin oder Friseurin und heiratet früh. Und wenn es später einmal Kummer hat, tröstet es sich mit Rhöntropfen.[17]

Viertens: Das Brätel

Anders als der Mutz, der im Holzland haust, ist das Brätel in sämtlichen Regionen Thüringens verbreitet. Es ist unterschiedlich groß, nie besonders dick, mag mal Kräuter und mal Paprika. Mal ist es zart, mal ist es Zadder. Am liebsten badet das Brätel in Bier oder Marinade.

Es spricht jeden an. Ob bei der sommerlichen Party oder auf dem winterlichen Weihnachtsmarkt, auf dem Land oder mitten in der Stadt: Das Brätel mögen alle. Im Umgang mit dem Brätel kann man nicht viel falsch machen. Aber zuviel Hitze verträgt es nicht, darüber ärgert es sich schwarz und wird ungenießbar.

Fünftens: Die Schlange

Die Schlange galt lange Zeit als ausgestorben. Doch in der Corona-Pandemie hat sich ihre Population in Thüringen überraschend schnell erholt. Immer häufiger lassen sich wieder Schlangen beobachten: vor der Fleischerei, vor dem Kinderschuh-Geschäft oder vor dem Hofladen. Wo nur zwei Kunden einen Verkaufsraum betreten dürfen, weil jedem ungefähr 150 Quadratmeter zustehen, ist die Schlange nicht weit.

---

16 Woher kommt plötzlich die Rhön? Die wurde nicht nur in Bayern und Hessen angebaut. Auch Thüringen hat etwas Rhön erhalten. Von der Kante des Thüringer Waldes können Sie weit hineinschauen.

17 Das komplette Gegenteil ist übrigens Wildschaf Maggie, welches vor Jahren ausgebüxt ist und seitdem als Zottelvieh durchs Jonastal streift.

Ein Ratschlag aus DDR-Zeiten, als es selten Bananen gab: Bei sehr langen Schlangen sollten Sie nicht zögern, sich anzustellen. Fragen Sie nicht erst: „Sch'lange da?", reihen Sie sich ein! Es wird garantiert etwas verkauft, für das es sich anzustehen lohnt. Es könnte zum Beispiel das beste Brätel der Umgebung sein.[18]

Thüringer Tiere bilden auch die Hauptkomponenten einer guten Wander-Brotzeit.

---

18 Ach, das ist ja ärgerlich. Jetzt sind die Big Five schon durch. Dabei wollte ich Sie unbedingt noch vor der Schwatzkiefer warnen. Lassen Sie sich nicht auf eine Diskussion mit diesem Nadelgehölz ein. Die Schwatzkiefer wird Ihnen einen Kanten ans Knie labern. Bessere Unterhaltung bieten Ihnen beispielsweise ausgewählte Wanderfilme, welche Sie in diesem Buch auf Seite 81 finden.

Das Schnäppchen-Silvester

„Silvester im Schnee? Das wäre herrlich!", schwärmt Brenda, und Daggi und Kay sind gleich Feuer und Flamme, oder eher Schneeflöckchen und Schneemann. Daggi durchforstet das Internet. Darin soll es viel Schnee geben. Sie findet was, nämlich ein Schnäppchen, und da muss Daggi zuschlagen. Sonst kriegt sie Schnäppchen- wenn nicht sogar Schnapp-Atmung. Unsere Reise wird uns tief in den Schnee führen: ins Berghotel Luisenthal. Schnäppchen-Daggi wartet lange mit dem Buchen, um noch ein bisschen mehr Geld zu sparen. Darum reisen wir am Ende einen Tag später an, weil der davor nicht mehr frei ist. Ein buntes Programm gehört zum Angebot, welches von der Fackelwanderung bis zur Silvestergala und von der Bratwurst mit Glühwein bis zum Heimatabend mit Volksmusik reicht. Kays Augen glänzen, wenn er diese Liste herunterrattert. Sie ist so üppig, man muss sie ausdrucken, um kein Highlight zu verpassen.

Es regnet, als wir vorfahren. Trotzdem wartet der erste Programmpunkt auf uns: der Grill-Empfang. Es regnet auf die Bratwurst, es regnet in die Glühweintassen. Vielleicht schmeckt beides deshalb wässrig. Oder weil die Bratwurst aus feuchten Foliensäcken befreit wird, die hinterm Küchenfenster, durch welches ich äuge, rabiat aufgeschlitzt werden. Egal, wir stellen uns noch einmal an. Der Trend geht zur Zweitwurst.

Wir schneiden Grimassen und ich setze extra die Brille ab, dass man uns nicht erkennt. Der Wurstausgeber wechselt, wir können uns entspannen. Trotzdem sagt er: „Freut mich, dass Sie wieder bei uns sind." Kay wird knallrot.

Aber der Wurstausgeber sagt das auch zu den Leuten, die hinter uns stehen. Ja, er sagt es zu jedem. Denn es sind – außer uns – nur Stammgäste im Hotel. Wir schauen uns um. Bevor es weiterregnet, wird es für einen Moment hell. Da fällt es uns auf einmal auf: Brenda, Daggi, Kay und ich sind mit Abstand die

Jüngsten hier. Abgesehen von den ungezogenen Enkelkindern, die sich vor dem Hoteleingang mit Wurstresten und Brötchen bewerfen. Zwei Opas in identischen Rentier-Pullovern stehen daneben und feixen.

Wir sind umgeben von Rentnern, die wetterfest durch den Regen flitzen (so gut sie flitzen können), ihre Gratiswurst ergattern und zurück ins Trockene der Hotel-Lobby eilen – wenn man das „eilen" nennen kann. Aber Vorsicht! Wenn es ums Essen geht, hat man gegen sie keine Chance. Man braucht es erst gar nicht zu versuchen!

Sie sind die Ersten am Buffet und picken sich die besten Sachen raus, selbst wenn sie sie vielleicht nicht schmecken und garantiert nicht verdauen können. Früh, mittags, abends lungern sie lange vor den offiziellen Essenszeiten am Speisesaal herum. Nur massive Holztüren mit Sicherheitsschloss halten sie davon ab, die Auslagen noch früher zu plündern.

Wir lernen schnell und passen uns an. Trotz Urlaub frühstücken wir um acht Uhr und essen um 18 Uhr Abendbrot. Die Schlacht ums Mittagsbuffet und den Nachmittagskuchen lassen wir aus – wir müssen Kräfte sparen. Das ist unser Trick, um uns am Abend gegen die altgedienten Nahrungskonkurrenten zu behaupten. Die beiden Opas in den Rentierpullis überholen wir nie. Brenda tauft sie liebevoll „Ralph und Rudi".

Am ersten Abend wissen wir das alles nicht und gehen sehr gemütlich und spät zum Abendessen. Mehr oder weniger erwischen wir ein paar Käsereste und zermatschte Beilagen. Doch durch die Bratwürste vorab sind wir nicht hungrig. Zufällig haben wir die besten Plätze beim Heimatabend, der soeben beginnt. Die Rentner-Gästeschar funkelt uns böse an, weil unser Tisch direkt an der Bühne steht. Erst als die Musikanten das „Rennsteiglied" anstimmen, entspannen sich die Neider. Aus 200 zittrigen Kehlen wird mitgesungen. Ralph und Rudi tanzen. Die Rentiere auf ihren Pullovern tanzen mit. Kay und ich verfallen dem einheimischen Bier.

Am nächsten Tag regnet es. Wir raffen uns zu einer Wanderung zur nahen Talsperre und zur Ruine der Käfernburg auf.

Nachmittags wollen wir uns in der Hotel-Sauna trocknen und aufwärmen. Doch sie ist von den Rentnern okkupiert. Voran Ralph und Rudi ohne Rentier-Pullover. Wer um 14 Uhr nicht in der Sauna oder im Schwimmbad gewesen ist, hat heute keine Chance mehr. Im Pool schreien die ungezogenen Enkelkinder herum. Wasserhasche geht da nicht, so eng wie die Frauen und Männer Bauch an Bauch beieinanderstehen und vor sich hin „well" nässen. Wir drehen bei und die Heizung in den Zimmern voll auf. Das ist fast wie Sauna. Dafür sind wir die Ersten am Silvesterbuffet. Es wird vom Hoteldirektor persönlich eröffnet. Keiner hört ihm zu. Die Tochter des Hoteldirektors steht neben ihm und hat sich in ein schwarzes Lederoutfit geschossen, welches erklärt, weshalb die alten Herren unbedingt vorn an der Bühne sitzen müssen. Bestimmt verzieht sich die Tochter später noch zu einer coolen Party.

Nach dem Essen spielt eine Band. Einige Bandmitglieder erinnern an die Volksmusikanten vom Vorabend. Da hatten Kay und ich einige Stutzhäuser Biere. Meine Erinnerung ist verschwommen.

Ein Zauberer tritt auf und lässt die Tochter des Hauses schweben. Es funktioniert, sie scheint ein leichtes Mädchen zu sein. Wir sehen nicht viel davon, weil sich alle Männer um den zauberhaften Anblick versammeln. Hinter ihnen stehen ihre Frauen, die sie zurück an die Tische ziehen wollen. Nach dem Schweben ist die lederne Tochter verschwunden. Vermutlich hat der Magier sie weggezaubert. Oder sie durfte endlich zur Party ihrer Freundinnen und Freunde. Ralph und Rudi in ihren Rentierpullovern helfen dem Zauberer bei einem müden Kartentrick.

Mitternacht naht. Wir eilen nach draußen. Es regnet. Vielleicht ist deshalb kein Feuerwerk vor dem Hotel aufgebaut. Oder die Rentner denken an schlimme Zeiten, wenn es laut knallt. Vielleicht ist für die Stammgäste eher der Zauberer mit der Schwebe-Nummer der große Knaller zu Silvester, als eine quietschende Leuchtspur mit kurzem Wumms.

Kay und ich haben vorgesorgt und holen eigene Raketen aus dem Auto. Immer mehr Hotelgäste stehen unter dem Vordach, halten sich die Ohren zu und freuen sich derart knallgeschützt mit uns über unser Feuerwerk. Zumindest die eine Hälfte. Die andere Hälfte löffelt drinnen die Gulaschsuppe aus, die als später Snack gereicht wird, und sammelt sämtliche Silvesterkrapfen ein, die den Jahreswechsel versüßen.

Als wir von unserem Feuerwerk, mit dem wir so vielen Menschen Freude bereitet haben, zurückkehren und uns ein bisschen wie Pyrotechniker fühlen, sind die Töpfe und Teller leer. „Ein gesundes neues Jahr!", wünschen wir ohne Gram. Und: „Prost!" Mit Sekt und Bier trösten wir uns eine gute halbe Stunde, bis die Flutlichter im Saal eingeschaltet und die Fenster aufgerissen werden. Rasch verduften wir, sonst müssen wir der Band beim Abbauen helfen.

Am Neujahrsmorgen regnet es. Der 1. Januar ist ein schwieriger Tag. Man liegt stundenlang herum und wartet auf den 2. Januar. Abends regnet es weniger. Die Fackelwanderung findet statt. Jeder Gast, auch der, der vom Silvesterabend stark angeschlagen ist und schwankt, erhält eine brennende tropfende Fackel in die Hand gedrückt.

Es geht bergan durch den dunklen Wald. Ralph und Rudi huschen an uns vorbei. Die ungezogenen Enkelkinder kokeln sich gegenseitig den Anorak an. Überraschenderweise steht niemand in Flammen. Selbst dann nicht, als mitten im Wald den Erwachsenen eine Feuerzangenbowle ausgeschenkt wird. Der erneut einsetzende Regen würde jeden Brand auf Anhieb löschen.

Am nächsten Tag dürfen wir nach Hause. Es hat aufgehört zu regnen. Am 3. Januar beginnt es zu schneien.

Brenda, Daggi und Kay sind sofort dabei: Wir fahren wieder die 40 Kilometer nach Luisenthal und werfen uns in den Schnee. So wie es von Anfang an geplant war. Um das Berghotel machen wir einen Bogen, obwohl sich Ralph und Rudi und ihre Rentiere bestimmt freuen würden.

Hier gibt es nichts zu sehen.

Winterwanderland

Brenda hat das Patenkind mit zur Winterwanderung gebracht. Patenkinds Skihose ist zu kurz, und es muss sich Schneeschuhe bei Brenda ausborgen, weil es selbst keine hat. Brenda besitzt mehrere – alte und neue. Die alten sind absolut wasserdicht, und die hat das Patenkind an. Was ich in diesem Moment noch nicht weiß: Ich muss die Schuhe nach diesem Ausflug zwei Tage lang trocknen. Sie sind nie zuvor so nass gewesen. Das Patenkind hat einen Schlitten aus Plaste mit – genau so ein Teil, wie ich es schon als Kind zutiefst verachtet habe. Diese Dinger fahren nicht gut und kratzen die Bahn auf. Ich brabbele vor mich hin und bin knurrig. Ich bin der böse alte Mann. Die Winterwanderung startet am Waldkindergarten. Zumindest steht es so an der schiefen Holzhütte dran. Ich habe da noch nie eine Kindergartengruppe gesehen. „Ich kann euch beide ja hier abgeben", schlage ich Brenda und dem Patenkind vor. Beide sind auf Anhieb sauer, immerhin ist das Patenkind 15 und kein Baby mehr. Wir stapfen los. Stapfen trifft es, gleich hinter dem Waldkindergarten ist der Weg nicht mehr geschoben, gespurt, gefeudelt. Bei jedem Schritt sinkt man tief in dem lockeren Schnee ein. Das Patenkind plappert und plappert. Da es das bereits während der Fahrt hierher getan hat, höre ich nicht mehr zu. Um dem Geplapper zu entkommen, presche ich voraus. Ich halte einen Sicherheitsabstand von 50 Metern ein. Brenda ist nicht so gut dran und muss auf das reagieren, was aus dem Patenkind sprudelt. Mein Abstand zu den beiden wird größer. Trotzdem höre ich, wie Brenda das Patenkind laut ermahnt: „Rede mal nicht so viel, da kannst du besser laufen."

Wie auf Knopfdruck ist das Patenkind still. Vielleicht ist es müde. Das Stapfen über den Winterwaldweg zieht sich nämlich, und das Patenkind zieht seinen Plaste-Schlitten. Zum Rodeln liegt zu viel tiefer Schnee. Der Schlitten ist völlig nutzlos.

Das Ziel, der „Ausgebrannte Stein" – eine rund 20 Meter lange Höhle mit Ein- und Ausgang –, liegt irgendwo rechts von uns. Ab und zu zweigen verschneite Waldwege ab. Wir können nicht einfach abbiegen. Es könnte falsch sein. Nirgends gibt es einen Hinweis, oder er ist zugeweht.

Ich renne vorneweg, um als Erster einen Wegweiser ausfindig zu machen. Nach einer Stunde verlangt Brenda eine Pause. Sie spendiert eine Runde Müsli-Riegel. Das Patenkind will umkehren. Ich verbreite Zuversicht: „Es sind nur noch zehn Minuten." Alle wissen, dass das nicht stimmt. Sogar das Patenkind. Brendas Motivationsriegel reicht nicht, stattdessen hat sie eine andere Idee. Als wir weiterziehen, höre ich es hinter mir singen: „Brenda und Patenkind liefen durch den Wald ..." Die Melodie von „Hänsel und Gretel" ist fast nicht zu erkennen.

„... es war im Winter und auch so bitterkalt ...", tönt es weiter. „Sie zogen ihre Schlitten, der Schnee, der war so tief ..."

Sie haben einen Texthänger. Ich helfe aus und vollende das Lied: „Brenda und Patenkind, die singen furchtbar schief."

Den Wolken hat das Lied scheinbar nicht gefallen, es fängt an zu schneien. Wind kommt auf. Ich sehe ein Schild, obwohl meine Brille beschlagen ist. Es leitet uns zum „Hohen Stein", der erst nach dem „Ausgebrannten Stein" folgen sollte. Wir haben den Abzweig definitiv verpasst.

Der „Hohe Stein" ist auch sehr schön. Ich kenne diesen Felsen von einer Wanderung im Mai. Man hat eine herrliche Aussicht von dort. Er ist vielleicht 400 Meter entfernt. Zwischen den Bäumen führt ein Pfad dorthin. Man kann ihn nicht sehen. Ein paar tiefe Löcher im Schnee lassen ahnen, wo es weitergeht. Jemand hat es vor uns zum „Hohen Stein" gewagt. Die Spur endet an einem gelben Fleck. Der Jemand hatte etwas anderes im Sinn, als den Aussichtspunkt zu erreichen.

„Wir sind gleich da", versichere ich Brenda und dem Patenkind. Sie singen nicht mehr. Aus dem Schneefall ist ein Schneesturm geworden. Tapfer folgen sie mir. Bis zum Knie sinke ich im Schnee ein. Ich beklage mich nicht, ich bereite den Weg. Brenda und Patenkind treten in meine Fußstapfen, wenn man so will.

Es schneit heftig, der Wind weht über eine Lichtung, der Weg zum Hohen Stein ist endgültig verschwunden. Dabei muss er direkt vor uns sein. Brenda und Patenkind schließen auf. Ich putze meine Brille und schaue mich um. Da entdecke ich zehn Meter neben mir eine schneebedeckte Tafel mit einem zugeschneiten Rastplatz davor. Das ist es. Direkt vor dem Schneehaufen mit Bank und Tisch drin liegt der „Hohe Stein". Wir sind am Ziel.

Und dann ... sehen wir nichts. Alles ist grau in grau, es schneit und hört nicht auf. Das Wetter wird schlechter. Der Wind macht komische Geräusche. Die Baumkronen rauschen und raunen die bekannte Weise „Du wirst nicht alt im Thüringer Wald". Zeit für den Rückweg.

Immerhin finden wir die Abkürzung über den „Stieglitzteich", wie ich ihn nenne. Das Patenkind lässt sich nicht beirren und zeigt auf die Wegmarkierung, die wir vom Schnee befreit haben. „Der heißt Sieglitzteich", berichtigt es mich. Das kann ich nicht leiden. Ich war schon mehrmals hier und habe immer „Stieglitzteich" gesagt.

„Dann hast du es immer falsch gesagt", kontert das Patenkind. „Und wenn du schon so oft hier warst, wieso hast du den Ausgebrannten Stein nicht gefunden?"

Ich schnaufe. Brenda möchte nicht, dass ich das Patenkind in den Schnee titsche. Im Wald spüren wir den Wind nicht mehr. Der Schneesturm verliert an Puste und hört schließlich auf. Auch der Weg wird besser: Wir sinken nicht mehr so tief ein. Weil das Patenkind scheinbar weiß, dass das Schlimmste überstanden ist, fängt es wieder an zu plappern. Ich arbeite rasch an meinem Vorsprung und bin erster am Teich, dessen Namen ich nicht mehr in den Mund nehme, solange das Patenkind dabei ist.

Der Teich ist komplett eingeschneit. Man sieht nicht, wo er anfängt und aufhört. Er könnte eine Wiese sein. Brenda hat Tee, Gummitiere und Bonbons für uns. Das ist echt Wegzehrung für Patenkinder. Normalerweise essen wir Knackwürste und Brote.

Hinterm Teich laufen wir über einen breiten Forstweg. Das Patenkind macht in den ausgeliehenen Schneeschuhen komische Patsch-Geräusche. Sie klingen nach einem Schwamm, aus dem Wasser gedrückt wird. Aber das Patenkind erzählt stolz vom „Hohen Stein" und dem Stapfen dorthin, als ob wir nicht dabei gewesen wären. Als der Waldkindergarten auftaucht, prescht das Patenkind plötzlich los.

„Da steht das Auto", freut es sich und zeigt auf den Parkplatz neben der Tankstelle. Am Hang am Waldkindergarten könnte das Patenkind rodeln, weil der Schnee dort festgefahren ist. Das Patenkind will nicht.

Im Auto zieht es die nassen Schuhe aus. Als hätte ich es geahnt, habe ich ein Handtuch und Ersatzsocken dabei. Das Patenkind ist glücklich. Es hat rote Bäckchen.

„Das war heftig", meint Brenda vom Beifahrersitz, „das waren mehr als acht Kilometer."

Ich verziehe das Gesicht.

Sie checkt den Schrittzähler in ihrem Handy. „Boah, du hast uns zwölf Kilometer gescheucht."

Ich verteidige mich: „Ich habe euch nicht gescheucht, du wolltest unbedingt zum Ausgebrannten Stein."

„Ich wusste ja nicht, dass das so weit ist", rechtfertigt sich Brenda.

„Wir waren gar nicht am Ausgebrannten Stein", mischt sich das Patenkind ein.

Ich verdrehe die Augen. Das merken die beiden nicht, ich schaue beim Fahren nach vorn.

„Du musst nicht die Augen verdrehen", ärgert sich Brenda.

„Mache ich ja nicht", widerspreche ich.

„Es stimmt aber, dass wir nicht am Ausgebrannten Stein waren. Und es heißt Sieglitzteich", meldet sich das Patenkind von der Rückbank.

Danach spricht niemand mehr. Ich fummle an der Heizung herum und mache es sehr warm im Auto. Wir sind noch nicht auf der Autobahn, da sind Brenda und das Patenkind eingeschlafen.

Ich kann in Ruhe planen. Wenn der Schnee getaut ist, wiederholen wir die Wanderung. Dann laufen wir zum Ausgebrannten Stein, ob das Patenkind will oder nicht. Zur Not kaufe ich
einen Kompass und eine Wanderkarte, oder ich heuere einen
ortskundigen Führer an. Außerdem werde ich vorher auf den
Wanderschildern dieser Route mit Edding ein T bei Sieglitzteich
einfügen. Das schaffe ich, so viele sind das nicht.

Das ist nicht der Stieglitzteich.

Ich wand're gar nicht gerne
(Lied des Patenkindes)

Ich wand're gar nicht gerne, der Weg, der ist so lang.
Der Rucksack drückt am Rücken, da kommt der nächste Hang.
Ich bin kein blöder Wandersmann, ich bin total zerstört.
Ich werde meckern, wie ich kann, was keiner gerne hört.

Diesen Weg auf den Höhen hab' ich angefangen,
Geh' ihn niemals wieder.
Ich bin breit hier im Wald, es ist mir vergangen:
Thüringer Wald nicht mit mir!

Durch Buchen, Fichten, Tannen geht der doofe Pfad.
Da sind noch and're Leute, die haben voll den Schlag
Die jodeln peinlich in das Tal, das Echo jodelt mit.
Der Weg ist immer noch die Qual, und mich nervt jeder Schritt.

Diesen Weg auf den Höhen hab' ich angefangen,
Geh' ihn niemals wieder.
Ich bin breit hier im Wald, es ist mir vergangen:
Thüringer Wald nicht mit mir!

An irgendwelchen Bächen wird endlich umgedreht.
Ich glaub', das wird sich rächen, es ist schon ziemlich spät
Es gibt nur eins, was mir gefällt, ich ruf' es allen zu:
Das ist die letzte Strophe hier, dann hab' ich meine Ruh.

Diesen Weg auf den Höhen hab' ich angefangen,
Geh' ihn niemals wieder.
Ich bin breit hier im Wald, es ist mir vergangen:
Thüringer Wald nicht mit mir!

Die Fünf:
Diese Wanderfilme dürfen Sie nicht verpassen

Der Wanderfilm „Ich bin dann mal weg" war sehr erfolgreich, der Wanderfilm „Picknick mit Bären" hingegen so lala. Probieren Sie nicht herum! Informieren Sie sich! Diese fünf Wanderfilme dürfen Sie nicht verpassen, sobald sie gedreht wurden (also nicht Sie werden gedreht, sondern die Filme).

Erstens: Der fabelhafte Wald der Amelie
Freche Französin und Freunde im Forst. Sie sind total niedlich und vertragen sich sehr gut. Ein toller Disney-Trickfilm. Die Handlung ist völlig schnuppe. Die Figuren klimpern mit riesigen Augen und schnattern mit winzigen Mündchen. Wie können sie damit so viel singen? Irgendein Olaf sollte mitspielen. Dann wird's ein Erfolg, und dann macht Disney Plus.

Zweitens: Harry Potter und die Waldbrandstufe[19]
Bei Waldbrandstufe 5 darf Harry nicht in den Wald, er hat den Feuerkelch dabei. Harry macht den Larry und geht trotzdem hinein. Es brennt. Ron und Hermine löschen mit dem Zauberspruch „Aguamenti", der Wasser aus ihren Zauberstäben spritzen lässt.[20] Sie laufen sich wund. Es brennt. Mitten im Wald wartet Hagrid. Er züchtet heimlich Feuerwanzen, die dringend umziehen müssen. Es brennt. Deshalb musste Harry dorthin, um sie zu retten. Ein Film für die ganze Familie. Besonders geeignet für die Kindergruppe der Freiwilligen Feuerwehr.

---

19 Alles wird lustiger, wenn man „Harry Potter" davorsetzt. Wie bei „Harry Potter und die Steuererklärung", „Harry Potter und die Alltagsmaske" oder „Harry Potter und der kaputte Geschirrspüler".
20 Dumbledore belohnt sie dafür später mit einer Eins in Zauberkunde.

Der Filmindustrie ging es auch schon mal besser.

Drittens: Holz und Vorurteil

Werner Holz, ein bärtiger Jungmann, lernt beim Wandern die elegante Barbara aus der Großstadt kennen. Es geschieht, was niemand bis hierhin vermutet: Sie verlieben sich. Doch Barbara hat Vorurteile. Werner ist etwas hölzern und stammt aus dem Thüringer Wald. Darum ist sie unsicher: Kann er mit Messer und Gabel essen? Wird sie je seinen Dialekt verstehen? Was, wenn Werner „bi" ist ... also Biathlet? Anspruchsvolle Literaturverfilmung nach Jane Aus-Asten.

Viertens: Lauf langsam – jetzt erst recht

Das Tempo bei einer Wandertour passt Bruce Willis überhaupt nicht, wie er da abgeschlagen hinterherhinkt. Darum sorgt er mit allen Mitteln und nur mit einem fleckigen Unterhemd bekleidet dafür, dass die Gruppe auf sein Tempo kommt. Willis will es wissen. Ein Action-Kracher![21]

Fünftens: Wander Woman

Ein Wanderfilm erst ab 18. Die flotte Wander Woman besteigt nämlich sämtliche Gipfel und Zipfel der ausnahmslos männlichen Wandergruppe. Sagen wir, wie es ist: Sie ist eine echte Wanderhure. Pfui, Schweinskram. Weil der Erfolg vorhersehbar ist, wird „Wander Woman 2" gleich mitgedreht. Die letzten Männer verschanzen sich in einer Schutzhütte. Wird sie ihrem Namen gerecht?

---

21 Ersatzfilm (falls Bruce Willis nicht kann, aber Kevin Costner schon): „Der mit dem Wolf tanzt – Tanz an einem anderen Tag". Die lang ersehnte Fortsetzung. 30 Jahre sind vergangen. Kevin Costner will nicht mehr tanzen. Damenwahl bringt auch nichts. Er gibt jedem Wolf einen Korb. Symbolisch betrachtet, in Wahrheit behält Costner seine Körbe für später. Man weiß ja nie. Vielleicht startet er im hohen Alter als Korbmacher durch. Ein trauriger Film. Was für Leute mit Taschentuch.

Drinnen

Können Sie sich erinnern? Das mit dem „Drinnen" hat im März 2020 angefangen. Es war mal ein „richtiges" Drinnen (also Drinnen-Drinnen) und mal ein „erweitertes" Drinnen (Drinnen mit einem Radius von 15 Kilometern). Mal war es vorgeschrieben, mal empfohlen. Es war kompliziert. Aber ist es das nicht immer?

Rotznasen verboten!

Der Inzi Dance (Tanz der Grenzwerte[22])
Geschrieben für das Lesefest „Leipzig liest extra" 2021

Hallo Leute, hallo Fans!
Das hier ist der Inzi Dance!

Da kommt die 100 angetanzt
Und wird von allen angeranzt.
Schnell springt die hippe 50 ein.
Sie will die neue 100 sein.

Ja, das ist die neue Chance,
Hier beim Inzi-Inzi Dance!

Wow (!) ist der süße Fuffi
Auch voll der freshe Fluffi,
Es regt sich längst ganz fleißig,
Die coole 35.

Wildes Treiben, ich benenn's:
Das hier ist der Inzi Dance!

Sie movt, sie groovt, sie tanzt verrückt.
Da ist die 100 krass zurück.
Und nicht allein, sie tanzt für zwei.
Die 200 ist mit dabei.

Für Oldies, Teenies und für Twens:
Das ist der neue Inzi Dance!

---

22 Huch, ständig ploppten neue Inzidenzwerte auf, die regelten, wann etwas galt und wann nicht. Im April 2021 erschien zum Beispiel überraschend eine 165. Woher auch immer sie kam…

Die 150 macht sich breit
Und denkt, dass sie nun übrig bleibt.
Och nee, wie blöd, das rächt sich.
Mit Hundertfünfundsechzig.

Wir machen uns hier voll den Lenz.
Jeder will den Inzi Dance!

100, 50, 35 –
Neuer Grenzwert? Ach, was weiß ich!
Mich haut gar nichts mehr vom Hocker.
Komm schon, Baby, mach' dich locker.

Wenn die Diskokugel glänzt,
Tanzen wir den Inzi Dance.

Furzberammlung im Hof
TG Two Tohuwabohu

Es ist Lockdown. Alle hocken daheim, nichts passiert. Die Welt wird sehr klein. Man ist dankbar für jede Abwechslung. Wie für eine Furzberammlung[23] im Hof. Nachbar Jo beginnt. Jeden Morgen kurz nach halb Sieben springt sein alter Diesel nicht an. „Wäwäwäwä – Ämm. Wäwäwäwä – Ämm. Wäwäwäwä ... Ämm-ämm-ämm." Immer beim dritten Mal erbarmt sich der olle BMW und geht hustend doch noch an. Dafür spuckt er eine blaue Wolke in den Hof. Brenda und ich sehen sie nicht, wir liegen im Bett. Bis eben haben wir geschlafen. Jetzt sind wir wach. Heute stimmt etwas nicht. Der Diesel stottert „Ämm – ämmämm – ämm ... bä" und ist wieder aus. Jo probiert es ein paar Mal. Ohne Erfolg. Er schlägt wütend die Fahrertür zu. Spätestens jetzt müssten die restlichen Leute im Hof wach sein. Das ist gut so, denn Jo klopft beim Kay, den er braucht. Er soll ihm das Auto überbrücken. Kay will sich erst waschen und frühstücken. Das dauert zwanzig Minuten. Jo murrt. Als wir beim Frühstück sitzen, sehen wir durchs Fenster, wie Kay und Jo den Diesel in den Hof schieben. Neben Jos Auto steht das von den Eiermeiers, da käme man zum Überbrücken nicht ran. Es sei denn, Eiermeiers würden überbrücken, aber die haben zwei linke Hände und können das nicht. Darum hat Jo gleich bei Kay geklingelt.

Nun rangiert Kay mit seinem Skoda zwischen den anderen Autos herum. Es ist knapp. Millimeter für Millimeter arbeitet er sich voran. Kay ist ein Fahrkünstler. Schließlich steht der Skoda Schnauze an Schnauze mit Jos Wagen. Intensiv wird sich darüber ausgetauscht, welches Starterkabel wohin geklemmt wird.

---

23 Fragen Sie bitte nicht, was eine Furzberammlung sein soll. Lesen Sie, dadurch erschließt sich dieser interessante Begriff.

Rot und Blau sind im Angebot. Die Zischis, die schon munter sind, eilen herbei, um nichts zu verpassen. Bei den Eiermeiers hängt jemand Wäsche auf und schaut vom Balkon herunter. Wir sind live am Küchenfenster dabei. Es wird erfolgreich überbrückt, der Diesel spuckt seine blaue Wolke aus, die diesmal ein bisschen größer ist als sonst. Da sind sich Brenda und ich einig. Der Kay fährt zur Arbeit. Der hat es gut, der sieht mal etwas Anderes. Jos Auto brummt auch davon. Fünf Minuten später ist er wieder da. Sein Bäcker hat wegen Krankheit geschlossen. Jo trompetet es in den Hof, als die Zischis das Fenster öffnen und nachfragen. Jo schmeißt die Autotür zu und die Wohnungstür. Das Hoftor lässt er in Ruhe. Kays Schwiegermutter tuckert mit ihrem Toyota in den Hof. Kays Parkplatz ist frei, sie manövriert ihr lila Mobil in die Lücke. Sie besucht ihre Tochter. Ist Kay deshalb unterwegs?

Es klingelt. Bei uns besitzen alle dieselbe Klingel, da weiß man nie genau, wo es geklingelt hat. Die Lösung lautet: Dort, wo die Klingel am lautesten ist. Diesmal sind es die Eiermeiers.

Ich mache mir gerade einen zweiten Kaffee und sehe durchs Küchenfenster, dass vor unserem Hof ein Möbelwagen steht. Eiermeiers bestellen pausenlos im Internet, diesmal scheint es etwas Größeres zu sein. Ein Sofa ist eingetroffen. Es ist zu groß, die Möbelpacker können es nicht durchs vordere Treppenhaus bugsieren. Doch die Eiermeiers haben Beziehungen.

Zwei Stunden später, als wir in der Küche Nudeln mit Soße essen, steht eine Hebebühne im Hof. Sie passt nicht genau unter den Balkon der Eiermeiers, an dem die Wäsche flattert. Erst muss Jo seinen Diesel wegfahren.

„Wäwäwäwä – Ämm. Wäwäwäwä – Ämm. Wäwäwäwä ... Ämm·ämm·ämm."

Beim dritten Mal springt er an. Jo fährt ein Stück zur Seite. Mit vielen guten Ratschlägen begleitet er anschließend die Möbelpacker vom Möbelwagen bis zur Hebebühne. Das Sofa ist auch dabei. Die Eiermeiers blicken ihrem neuen besten Stück erwartungsvoll vom Balkon entgegen. Neben ihnen wedelt die

Wäsche im Wind. Die Möbelpacker bringen das Sofa mit dem Lift hinauf bis an die Brüstung. Dann gehen die Eiermeiers schnell weg. Die Fachleute müssen das Sofa durch die Balkontür quetschen. Da will man nicht auf der falschen Seite stehen, falls das nicht klappt. Es klingelt. Wieder können alle mitraten, wo es geklingelt hat. Diesmal ist es bei den Zischis. Die Gartenfritzen latschen in den Hof und wollen die Hecke an der Terrasse beschneiden. Dafür müssen die Zischis ihr Auto umparken, das direkt an der Hecke steht. Das ist unmöglich, weil Jos BMW den Hof blockiert. Zum Glück wird die Hebebühne in diesem Moment abgeholt. Die Gartenfritzen machen vor dem Hoftor Platz, die Möbelpacker passieren und verabschieden sich. Im Hof klettert Jo mit viel Tamtam in sein Auto.

„Wäwäwäwä – Ämm-ämm-ämm", es springt sofort an. Ohne blaue Wolke! Der Diesel merkt wohl, dass sein Besitzer angespannt ist. Jo fährt zurück in seine Parklücke, die Zischis stellen ihr Auto dorthin, wo gerade der Jo stand. Es ist viel Verkehr um diese Zeit bei uns im Hof.

Jo bleibt da, er will wissen, warum sein Wagen weichen musste. Jemand schaut bei Eiermeiers vom Balkon und hängt noch mehr Wäsche auf. Die Zischis zeigen den Gartenfritzen die Hecke, als ob sie sich versteckt hätte.

Die Gartenfritzen legen los. Der eine arbeitet elektrisch mit Akku. Bei dem anderen springt die Motorsäge nicht an.

„Hättätä...hättätä...hättätä", immer wieder reißt er an ihr.

Der erste Gartenfritze schneidet inzwischen die Hecke, leise und elegant.

„Hättätä...hättätä", sein Kollege will helfen, es wird nichts.

Ich trinke einen Nachmittagskaffee und sehe aus dem Küchenfenster. Die Hecke ist nicht lang. Das Beschneiden ist fast geschafft.

„Hättätä... hämm. Hämm, hämm", die Motorsäge läuft. Voller Freude dreht der Sägemann auf. Doch sein Kollege ist fertig. Die Motorsäge wird gedrosselt und säuft ab. Die Gartenfritzen gehen.

Die Zischis parken ihr Auto wieder neben der Hecke. Der Jo weist sie ein. Bei Eiermeiers winkt jemand vom Balkon. Oder es ist die Wäsche, die flattert. Kays Schwiegermutter tritt auf, grüßt die Versammelten und steigt in ihren Toyota. Das fremde Auto verlässt den Hof. Jo und die Zischis schließen das Tor hinter ihr. Kurz danach wird es wieder geöffnet. Kay kommt mit dem Skoda von der Arbeit zurück.

„Na, hast du meine Rente verdient?", nölt der Jo ihn voll. Für diesen Satz schaut er extra nochmal raus. Kay lächelt gequält. Jo sagt das jeden Tag, wenn er Kay erwischt. Schnell riegelt Kay das Tor zu und verschwindet in der Tür. Jo schaut im Hof herum. Es ist keiner mehr da. Er watschelt davon.

„Vorhang", sage ich.

„Ende der Vorstellung", stimmt mir Brenda im Küchenfenster zu.

Die Zischis begutachten ihre frisch geschnittene Hecke, die Eiermeiers begutachten sicherlich ihr Sofa, Jo begutachtet im Internet Angebote für Auto-Batterien und Anlasser. Wir hoffen es jedenfalls. Die Eiermeiers begutachten wahrscheinlich am intensivsten. Es beginnt zu regnen, und niemand nimmt die Wäsche ab.

Endlich war mal was los. Davon lässt sich lange zehren. Wir haben viel zu erzählen. Vielleicht schreibe ich es sogar auf. Den Anfang habe ich schon:

„Wäwäwäwä – Ämm. Wäwäwäwä – Ämm. Wäwäwäwä … Ämm·ämm·ämm … Äääääääm …"

Die Fünf:
Befolgen Sie diese Ratschläge gegen den Lockdown-Blues
Aus dem Frühjahr 2021

Jammern hilft nicht, und viel Jammern hilft nicht viel. Was hilft dann? Ständig nur Filme und Serien zu gucken, führt zwar nicht zu viereckigen Augen, wie die Eltern immer gewarnt haben, aber zu einer massiven Abstumpfung. Man will dann auch im wahren Leben alles in 3D, dazu vor- und zurückspulen, „Pause" drücken – oder mehr und noch mehr sehen, faul herumliegen und Popcorn in sich hineinstopfen. Hier sind fünf gute Ratschläge, die den Lockdown-Blues erträglicher machen.

Erstens: Mit Verstand Alkohol trinken
Einfach nur so zu trinken, ist blöd. Stattdessen das Trinken als Corona-Test zu nutzen, ist super. Ein solcher Selbsttest wurde mir gleich mehrfach per Bildchen, Video und Textnachricht empfohlen.

Er funktioniert wie folgt: Zuerst steigt man mit Maske in den Keller hinab und holt eine Flasche Wein. Anschließend wäscht man sich gründlich die Hände und lüftet gut. Danach wird der Wein in ein Glas gegossen. Man nimmt die Maske ab, schnuppert am Glas und trinkt den Wein. Wenn man ihn riecht und schmeckt, hat man kein Covid 19.

Da dieser Test umstritten ist, sollte man ihn anschließend wiederholen. Sechs bis sieben Mal erscheinen angebracht. Am nächsten Tag hat man Kopfschmerzen – und die könnten glatt ein Symptom sein, weshalb ein erneuter Test dringend nötig ist.[24]

---

24 Zum Ende jener Testreihe passt übrigens der beliebte Witz: „Wie geht ein Virologe aus der Kneipe? Auf allen Viren!"

Osterteller im Lockdown.

Zweitens: Dem Essen Bedeutung verleihen

Alle kochen, nicht nur innerlich, sondern in echt am Herd. Wer vorgesorgt hat, ist genudelt – durch die tägliche Dosis ETW mit Wugu.[25] Wer es vergessen hat, löffelt Konservendosen leer. Wer kann, schmeißt den Grill an: Irgendetwas oder irgendwer wird sich schon auf den Rost legen lassen.

Hinzu gesellt sich der Backwahn, wenn man sich nur rechtzeitig mit Hefe eingedeckt hat. Entweder Sie flechten sich nun vor lauter Überfluss die niedlichsten Hefezöpfe oder Sie nutzen Ihre Bestände für lukrative Tauschgeschäfte. Tortenpfirsiche sollen sehr begehrt sein.

Essen lässt sich zu besonderen Tagen aber auch mit einem Spaziergang verbinden. Das Lieblingsrestaurant verkauft die feinsten Speisen zum Fenster hinaus. Da geht man sich was holen und klappert mit den Töpfen durch die halbe Stadt. Passanten drehen sich nach einem um und kommentieren: „Das ist ja wie im Krieg!" Nur dass in einem Krieg eher selten Gänsekeule mit Klößen und Kraut auf der Speisekarte stand und steht.[26]

Essen gewinnt also wieder an Bedeutung (damit ist nicht die gleichnamige Stadt gemeint) und sorgt für eine gewisse Fülle ...

Drittens: Den eigenen Körper neu entdecken

Das heißt nicht, was einige Schweinskramis unter der Leserschaft vermuten. Um hier keine jugendgefährdende Schrift zu verfassen, fordere ich die Betroffenen mit einem Blinker-Blinker auf: „Hände weg von Sowjetrussland!"

Es geht vielmehr darum, neu entstandene Bereiche liebevoll ins Gesamtkonzept einzubeziehen. Michael R. Ludwig, bekannt und berüchtigt als Facebook-Micha[27], startete dazu bei Facebook eine fette Umfrage (im wahrsten Sinne des Wortes): „Wie nennt ihr die in den letzten Monaten etwas aus dem Leim ge-

---

25 Eierteigwaren mit Wurstgulasch.
26 An dieser Stelle möchte ich das Restaurant „Kromers" in Erfurt empfehlen. Dort haben wir uns mehrfach die Töpfe und Tupperdosen befüllen lassen.
27 Wer Kontakt sucht, bitte sehr: www.facebook.com/michael.lurudwig. Micha ist sehr wählerisch bei der Auswahl seiner Freunde.

gangene Bauch-Region?" Micha gab mehrere Möglichkeiten vor: „Pandie", „Wumpy", „Katzentrampolin", „Mountain of Love" oder „Die Zone". Seine Fans ergänzten das um „Kuhle Wampe", „Strammer Max", „Corona-Muskel", „Schniedeldach" und „Bauchsparvertrag". Diese Reihe macht Lust, sich weitere Namen auszudenken und mit Edding auf den so benannten Bauch zu schreiben. Im eigenen Haushalt am liebsten auf den der Mitmenschen.

Viertens: Immer lustig bleiben
Ein großes Vorbild für mich ist Freundin Beate, eine wahre WhatsApp-Stimmungs-Granate, die selbst in schlimmsten Zeiten ihren Status mit Fröhlichkeit flutet. Dazu gehören Anregungen wie: „Abends gehe ich oft mit einer Schüssel Kartoffelsalat spazieren. Das ist so, als wäre ich zu einer Party eingeladen." Oder: „Ich habe mir in jedes Zimmer einen Kaffee und ein Stück Torte gestellt. Mache eine Kaffeefahrt." Und: „Vor lauter Langeweile habe ich bei mir die Wohnungstür aufgemacht und geklingelt. Ich habe mich so über den Besuch gefreut."

Beate muss eine Gag-Zapfsäule haben. Sie legt ständig nach. Aktuell steht in ihrem Status: „Vögel sind super. Die können fliegen, müssen nicht arbeiten und scheißen auf alles."

Ja, ein Vogel müsste man sein ... oder besser nicht, die haben die Vogelgrippe.

Fünftens: Lieder singen und berühmt werden
Vögel dürfen noch in der Öffentlichkeit trällern, wir aber nicht, weil sonst zu viele Aerosole entstehen. Da wundere ich mich, wie dennoch haufenweise schlimmste Corona-Songs veröffentlicht werden konnten, die sich wie Viren im Web verbreiten.

Bemüht im Comedian-Harmonists-Stil: „Ich wollt', ich wär' immun."

Politisch zur Ministerpräsidentenkonferenz, wenn aus der Peter-Maffay-Zeile „Und ich war 16 und sie 31" wird: „Und ihr seid 16 und Merkel 66."

Bescheuert von Christian Anders, der sich prompt neu erfand mit „Es fährt ein Zug nach Corona". Vermutlich ist ihm die Lok gegen den Kopf gedonnert. Das können Sie besser! Wie wäre es mit einem eigenen Lied? Schreiben, üben, anschließend mit dem Handy filmen und verbreiten. Das Üben kann man notfalls weglassen. Hat Christian Anders auch gemacht. Die Social-Media-Kanälchen warten schon darauf. Werfen Sie sich hinein in das illustre Liedertreiben und werden Sie mit ein bisschen Glück zum Star! Als Star erhalten Sie als Erster einen Impftermin mit dem Impfstoff Ihrer Wahl und müssen nie wieder zu Hause festsitzen. Denn es gilt: „Ich bin ein Star, holt mich hier raus!"

Versuchen Sie es, und versuchen Sie es noch einmal, wenn es beim ersten Mal nicht klappt. Oder haben Sie etwas Besseres vor?

Birds don't come easy

Zuhause lassen sich super Tiere beobachten. Silberfischchen zum Beispiel oder Fruchtfliegen. Wir sind privilegiert, wir haben eine Terrasse. Dort sieht man Vögel. Ich ärgere mich über sie, denn sie benehmen sich sehr schlecht. An einer mickrigen Kirsche haben wir ein Vogelhäuschen befestigt, in dem die Vögel überdacht Körner und Rosinen picken können. Die Amseln schmeißen alles runter, was ihnen nicht passt. Die Spatzen kacken hinein. Die fetten Tauben haben ein dünnes Ästlein von der mickrigen Kirsche abgebrochen. Trotzdem füttern wir die Vogelschar weiter. Brenda möchte das. Sie spricht sehr viel mit den Vögeln. Beim Frühstücken redet sie mehr mit ihnen als mit mir.

Ich muss mich erst draußen vors Fenster stellen und das Vogelhaus anschmachten. Umgehend nimmt sie Kontakt auf.

„Na, wie geht's dir? Möchtest du Rosinen? Und ist noch was zu trinken da?"

„Nein, piep piep", tschilpe ich zurück, „leider nicht."

In einem extra Napf auf einem Vorsprung neben dem Vogelhaus wird den gefiederten Gästen gefiltertes Wasser gereicht, dass sie nicht so schnell verkalken.

Wieder benehmen sie sich sehr schlecht. Sie springen in den Napf und baden darin. Die Amseln spritzen herum, die Spatzen kacken hinein, und die Tauben werfen das Näpfchen regelmäßig von der Mauer, auf der es steht. Trotzdem füllen wir den Wassernapf immer wieder auf. Brenda möchte das.

„Ihr sollt da nicht baden. Ihr sollt trinken", unterrichtet sie die Vögel geduldig.

„Ich hab's ihnen auch schon gesagt", zwitschere ich eilfertig. Ich stehe draußen vor dem Küchenfenster und halte mich von den anderen fern.

Vögel können nicht pausenlos fressen und trinken. Sie müssen sich bewegen und sausen bei uns im Innenhof hin und her. Brenda ermahnt sie manchmal. Zuerst die Spatzen, die als Bande einfallen und viel Theater machen. Im Anschluss die

Tauben, die sich ständig in das Vogelhäuschen quetschen und Krümel suchen und es dabei fast auseinanderprotzen. Zuletzt die Amselmänner, die die Amselfrauen nicht in Ruhe lassen. „Nun ist es genug!", schimpft Brenda von der Terrassentür aus. „Jawohl, es reicht", piepe ich und gehorche. Ich höre sofort auf, auf der Terrasse hin- und herzurennen.

Mit Vorliebe scheißen die Vögel, ohne Ausnahme, auf das neue silberne Auto der Nachbarn. Daran beteilige ich mich nicht. Auch Brenda will davon nichts wissen und ist froh, dass die Vögel nicht auf unser Auto machen. Neulich waren zwei Enten dabei, die einen besonders umfangreichen Beitrag geleistet haben.

Aber auf einen Schlag sind wir alle abgeschrieben, wenn der putzige Zaunkönig wie ein brauner Tischtennisball über die Wiese hüpft. In diesem Moment ist Brenda hin und weg. „Zauni ist da. Zauni!", juchzt sie und klatscht in die Hände. Wahrscheinlich, weil Zauni sich so ordentlich benimmt. Er stochert nicht im Vogelhaus herum, weil die Körner viel zu groß für ihn sind. Er badet nicht im Wassernapf, weil er dort ertrinken würde. Er kackt nie irgendwohin. Oder man sieht es nicht, weil er so winzig ist und die Zauni-Kacke noch winziger. Zauni ist der Beste. Das müssen wir neidlos anerkennen.

Ich habe kein Problem damit. Immerhin darf ich mich am Nachmittag drinnen aufwärmen. An guten Tagen erhalte ich ein Körnerbrötchen ganz für mich allein.

„Hallo! Hörst du mich?", blafft mich Brenda an. Sie sitzt mir gegenüber am Frühstückstisch. „Ich hab' dich schon drei Mal angesprochen." Sie rüttelt an meinen Schultern. Ich schaue sie mit einem verklärten Blick an.

„Oh, ich glaube, ich war gerade woanders", hauche ich.

„Aber jetzt bist du wieder da", stellt Brenda klar. „Und du hast Tischdienst."[28]

---

28 Zum zweiten Mal nach der „Drachenschlucht" habe ich in diesem Buch geträumt. Ich muss wacher werden. Zu meiner Entschuldigung kann ich sagen, dass es diesmal ein Tagtraum war und kein Alptraum.

Fünfzehn Kilometer

Die 15-Kilometer-Regel juckt mich überhaupt nicht. Falls wir wieder nur im Umkreis von 15 Kilometern um den Heimatort unterwegs sein dürfen, erschüttert mich das nicht. So lange nicht irgendwelche Erbsenzähler auf den Meter genau achten und ich die äußerste Kante der Stadtgrenze von Erfurt zum Anlegen meiner Messlatte nutzen darf, bin ich international auf Tour. Ich reise im Norden bis nach China, im Osten bis England, im Süden bis Sibirien und im Westen bis an die Ostsee. Ätsch! Ich erkläre es.

Westlich von Erfurt im Landkreis Gotha liegt innerhalb der vorgegebenen Entfernung der überschaubare Stausee von Friemar, eine Mini-Ostsee. Man läuft in einer Stunde drumherum. Es riecht wie am Bodden, der Wind weht einem den Geruch auf der Staumauer genau in die Nase. Tote Fische werden an den Strand gespült und ein paar Boote dümpeln vor sich hin, das eine oder andere sinkt gerade.

Ich glaube, dort Lachmöwen gesichtet und gehört zu haben. Ich muss mitlachen, so ansteckend ist das. Wer geduldig im Schilf von Friemar ausharrt, wird mit Sicherheit vom einen oder anderen Vogelschiss getroffen. Die Robusten, die weiter durchhalten, werden vielleicht sogar gehackt. Bekackt und gehackt – das sind Möwenschiss und Möwenpick vereint. Wir sind diesem pittoresken Paradies auf ewig verbunden – Brenda hat dort ihr Handy verloren.

In genau entgegengesetzter Richtung, im Osten, reicht es leider nicht bis Weimar. Doch wir stoßen innerhalb des erlaubten Bereiches auf den englischen Landschaftspark von Ettersburg. Man muss sich nur darauf einlassen, also die Nase hochziehen, schnöselig-britisch einherschreiten und gebrochenes Englisch reden. Schon rückt der Brexit in weite Ferne, wir befinden uns auf einem englischen Landsitz. Das Schloss Ettersburg wird zum Ettersborough Castle, der Wald zum Ettersborough Forrest und das nahe Heichelheim zu „Hykelhym" „mit die gute Potatoe Ball". Ich habe keine Ahnung, was Kloß heißt. Das lässt sich hervorragend zur Tea Time auf der Parkbank besprechen. Selbst wenn der Tee aus der mitgebrachten Thermoskanne stammt, weil – „oh, that's so sad" – das Restaurant – „closed" ist und die Klosetts gleich mit. „Very british" bewahrt man die Fassung und lässt sich nichts anmerken.

Ab in den Süden! Eilen wir nach Sibirien, ebenfalls keine 15 Kilometer von Erfurt entfernt. Einige werden sagen, dass sie das schon immer gewusst haben: „Vor Erfurt ist nicht Ebbe, sondern Steppe." So leicht ist es nicht. Ich meine konkret den Riechheimer Berg. Dort wächst das Adonisröschen, eine gelb blühende krautige Pflanze, die in Sibirien beheimatet ist. Vielleicht wurde das spezielle Röschen in Zeiten, als Flugabwehrraketen auf dem Riechheimer Berg stationiert werden sollten und Sowjetsoldaten bei uns in den Wäldern wohnten, von der Deutsch-Sowjetischen Freundschaft angepflanzt. Beim Subbotnik. Wir müssen dafür „Danke" sagen. Also: Bolschoi Spasibo, dorogije drusja! Und allzeit schöne Dostoprimetschatjelnosti!

Bleibt der Norden. Dort führt die Reise – gerade noch so in der vorgeschriebenen Höchstentfernung[29] – bis ins Thüringer Städtchen Weißensee, wo die Frösche Chinesisch quaken. Starke Männer aus Shanghai haben einst in Weißensee den chinesischen „Garten des ewigen Glücks" errichtet. Mit Löwen am Tor, wie man sie von China-Restaurants kennt, und einer Pagode im Teich, wie sie kaum ein China-Restaurant besitzt. Chinesische Gartenkunst auf mehreren Ebenen mit Ying und Yang. Es macht nichts, wenn der Garten geschlossen hat. Der Teich mit der Pagode ist stets erreichbar, und zur Pagode könnte man schwimmen.

Es reicht jedoch aus, sich im Park an einen Baum zu lehnen, mit Blick auf dieses Fleckchen China einen mitgebrachten Glückskeks[30] aus dem Rucksack zu ziehen und sinnige Sprü

---

29 Luftlinie, versteht sich. Diese lässt sich prima kontrollieren bei luftlinie.org.
30 In Weißensee können Sie keine Glückskekse erwerben. Es fehlt ein ChinaImbiss (bei Erscheinen dieses Buches).

che zu lesen wie: „Del Tag beginnt am Molgen" oder „Ist del Palkschein schon abgelaufen?" oder „Nimm noch einen Keks!" Bis der richtige Keks dran ist. Darin steht: „Du bald eine gloße Leise machen wilst."

Das wäre herrlich. Falls die große Reise nicht gleich beginnt, improvisieren wir eben ein bisschen weiter. Wir überbrücken – mit diesen Anregungen als Überbrückungshilfe.

Von Erfurt bis China sind es gerade einmal 15 Kilometer.

Der Homeoffice-Gourmet

Brenda hat nichts gekocht. Sie schlägt sich im Homeoffice herum. Ab und zu höre ich sie schreien. Ich glaube, sie hämmert mit der Tastatur auf den Tisch. Ich bin froh, dass ich nicht im Arbeitszimmer, sondern in der Küche bin.

Ich habe auch nichts gekocht. Im Schrank wartet eine Köstlichkeit auf mich, eine Dose „Rügener Fischsoljanka". Ich öffne sie und schütte sie genüsslich in den Topf. Nun muss ich sie warm machen.

„Iih, wie riecht es denn hier?", fährt mich Brenda an, während sie die Küchentür aufreißt.

„Oh, machst du Pause?", frage ich ängstlich. In diesen Pausen sollte ich besser nicht da sein. Da bräuchte Brenda einen Sandsack, um darauf einzudreschen. Haben wir aber nicht, nur ich stehe zur Verfügung.

„Was soll das für eine Frage sein?", schnauzt mich Brenda an. „Das siehst du doch, dass ich Pause mache."

„Ich sehe gar nichts, ich rühre gerade in meinem Essen", antworte ich verschnupft.

„Essen würde ich das nicht gleich nennen", stellt Brenda fest. „Das riecht ja schrecklich. Was soll das denn sein?"

„Rügener Fischsoljanka", kläre ich sie auf.

„Sowas isst du? Igitt!" Brenda dreht sich angeekelt weg und holt ihr ayurvedisches Curry aus dem Kühlschrank. Reste vom Wochenende.

„Du irrst dich. Rügener Fischsoljanka ist fantastisch. Etwas für Gourmets. Lies mal, was auf der Dose steht."

Ich rühre in meinem Topf, dann fische ich die Dose aus dem Abfalleimer. Weil Brenda nicht aktiv wird, lese ich ihr die Beschriftung vor: „Lieber Gourmet, dieses hochwertige Erzeugnis, nach einer traditionellen Rezeptur aus erlesenen Zutaten hergestellt, ist tafelfertig ..."

Brenda schaut mich ungläubig an.

Speisen und
Pizza täglich
von 11³⁰ – 21⁰⁰ Uhr
zum mitnehmen

Pizza
mit Pommes und
Würstchen
€ 9,50

Da beißt der Homeoffice-Gourmet sofort an.

„Das hast du dir ausgedacht."

„Nein, schau selbst!" Ich halte ihr die Dose hin.

„Ich hab' meine Brille nicht hier", redet sich Brenda raus.

„Soll ich sie dir aus dem Homeoffice holen? Du müsstest aber so lange in meinem Topf rühren."

Brenda will nicht.

„Nee, das mache ich nicht. Das ist widerlich. Ich glaube dir auch so."

„Kannst du. Das steht hier."

„Jaja, rutsch mal ein Stück, Herr Gourmet", verlangt Brenda. Sie stellt ihr Curry neben meine Fischsoljanka auf den Herd und schaut verächtlich in meinen Topf.

Ich analysiere derweil den Text auf der Dose.

„Da sind gleich vier Reizwörter drin ..."

„Mich reizt da nichts."

„Mich aber." Ich rühre im Topf und bete die vier Wörter runter. „Gourmet, hochwertig, traditionell und erlesen ..."

Brenda unterbricht mich: „Du isst nur Quatsch. Du wirst immer dicker."

Mir reicht es.

„Dann sehe ich wenigstens wie der Sandsack aus, den du dringend nötig hast."

Das hat gesessen. Brenda schweigt bedröpselt. Kurz ist Stille, der Herd knackt.

„Das Homeoffice tut mir nicht gut", räumt Brenda schließlich kleinlaut ein.

„Dafür kann doch die Rügener Fischsoljanka nichts", komme ich auf mein Essen zurück. Es ist fertig, ich fülle es in einen tiefen Teller ab, aus dem ich, der Herr Gourmet, es gleich mit Genuss verzehren werde. Brendas Curry blubbert und ist ebenfalls fertig.

Während ich mein hochwertiges Erzeugnis nach traditioneller Rezeptur aus erlesenen Zutaten verspeise, muss Brenda ihr Wirsing-Curry mit Quinoa, Nüssen und Rosinen löffeln. Sie tut mir leid.

„Willst du mal kosten?", biete ich ihr an.

„Nie im Leben!", watscht sie mich ab.

„Du verpasst etwas", versuche ich es erneut.

„Iss nur, lieber Gourmet, iss nur."

Also esse ich die Soljanka auf und streichle mir anschließend demonstrativ über den Bauch.

„Sehr gut, sehr gut", lobe ich mein Essen, während Brenda auf ihrem Curry herumkaut.

„Und wie ist deins so?", erkundige ich mich.

Brenda verschießt Blitze mit ihren Augen und versucht, wie die Schauspielerin Lucy Liu in der Serie „Ally McBeal" zu gucken. Darin kneift Lucy Liu die Augen zusammen und ein Tigerknurren ist zu hören, wenn ihr was nicht passt. Ich kenne diesen Ausdruck bei Brenda.

„Du bist nicht Lucy Liu, und das ist kein Fernsehen!", sage ich freundlich.

„Und du bist kein Gourmet, und das ist kein Kochen", faucht Brenda mich an. Sie greift nach der leeren Dose der Rügener Fischsoljanka und will sie mir an den Kopf werfen.

Da klingelt das Telefon im Arbeitszimmer, Brenda muss zurück ins Homeoffice. Die Pause ist vorbei. Brenda lässt das Telefon klingeln und verwandelt sich zurück. Jetzt ist sie nicht mehr Lucy Liu. Sie stellt ihr Geschirr brav in die Spüle und strahlt mich an. Ich weiß, was das bedeutet: Ich erhalte eine Aufgabe.

„Machst du den Abwasch?", bittet mich Brenda.

„Klar", antworte ich. Als sie ins Homeoffice entschwindet, verspreche ich ihr: „Und morgen lade ich dich zu einem Texastopf ein!"

„Wehe!", droht sie mir und donnert die Tür zu.

Ich habe das letzte Wort, auch wenn sie es nicht mehr hört: „Vertrau' mir, du weißt ja: Ich bin Homeoffice-Gourmet!"

Bastler, Schussel und Rebellen
Geschrieben für das Pandemistische Gartentheater
im Sommer 2020[31]

Das war ein außergewöhnlicher Sommer, der Sommer 2020, so anders und so bunt. Er hatte sein eigenes Accessoire: die Maske. Ein Fetzchen, das von Anfang an polarisierte und von vielen noch immer nicht gemocht wird. Dabei werden die meisten Menschen ansehnlicher dadurch und reden nicht mehr so viel, weil sie bereits mit Luftholen ausgelastet sind. Herrlich, stattdessen ist mehr Vogelgezwitscher zu hören!

Verschiedenste Maskentypen verhüllten im „Summer of the Mask" Mund und Nase. Später setzten sich die langweiligen FFP2- und OP-Masken durch, was damals niemand ahnte. Stattdessen gab es die wunderbare Vielfalt, erinnern wir uns an:

- die selbst genähten,
- die total lustigen,
- die falschen OP-Schwestern-und-OP-Brüder-,
- die hoch professionellen und
- die fies rebellischen Masken.

Hier ist die Typologie dazu:

Die selbstgenähten Masken stammten von wackeren Bastlerinnen und Bastlern an vorderster Front, die anfangs über Engpässe hinweghalfen und dann nicht mehr aufhören konnten. Sie nähten weiter Maske um Maske für die Familie und die Freunde und deren Familien und Freunde und die Freundes-Freunde und die Familien-Familien. Die Nähmaschinen ratterten im Akkord. Blümchen, Sternchen, Streifen – als Material diente alles, vom kaputten Rollo bis hin zum Frottee-Schlüpfer von Opa Arnold. Darum bekam man unter solchen Masken manchmal schlecht Luft. Oder gar keine, wenn die Masken gefilzt waren. Da musste

---

31 Dort hatten der Pianist Andreas Groß und ich im August 2020 unseren einzigen Auftritt im ersten Corona-Jahr. Die Maskentypologie ist dafür entstanden und wurde für dieses Buch überarbeitet.

man durch die Ohren atmen und auf die nächste selbst genähte Maske hoffen, die bald folgte. Weil es in diesem Jahr so trendy war, Masken zu verschenken ... Lustige Masken wurden von schrägen Vögeln und bunten Hunden getragen. Sie führten ironisch gemeinte Motive auf ihrem Mund-Nasen-Schutz spazieren. Zum Beispiel aufgemalte Tierschnauzen von Katze, Maus und Schwein, aufgedruckte Smileys und Reißverschlüsse, flotte Sprüche wie „Maul halten", Versprechungen wie „I save lives every day" oder eine klare Besitzanzeige wie „Henry's Maske". Träger solcher Masken äugten mit lustig-listigen Augen in die Runde und wollten unbedingt bemerkt werden. Jeder sollte das voll witzige Motiv zur Kenntnis nehmen. Ob der geneigte Betrachter schmunzelte oder eine Fresse zog, ließ sich leider nicht erkennen. Er trug wie sein Gegenüber ... eine Maske.

Die falschen OP-Schwestern und OP-Brüder bildeten die größte Gruppe. Jeder sah und sieht mit so einem weiß-blauen Papierchen im Gesicht aus, als würde er bei „In aller Freundschaft" oder „Den jungen Ärzten" mitspielen und sei eben vom Dreh ausgebüxt. Solche einfachen OP-Masken werden in einem fernen Risikoland von Minderjährigen aus Tempo-Taschentüchern geschnitten und geschneidert und hier – inzwischen – günstig im 30-er oder 50-er Pack verscherbelt. Zuerst war das anders. Manch gieriger Apotheker nahm die Packung auseinander und verkaufte die Teile einzeln für drei Euro das Stück.

Deshalb warf der Benutzer diese Einwegmaske nach einmaligem Tragen nicht weg, sondern hängte sie wie ein Duftbäumchen an den Innenspiegel des Autos. Dort wedelt sie noch heute gern hin und her. Denn so bleibt sie allzeit griffbereit, wenn die billigen Gummis nicht reißen – getreu dem Motto „Keimig wie sie ist, wird sie dort gehisst".

Wer kein Auto hat, schiebt sich die OP-Maske über den Arm, wenn er sie im Gesicht nicht benötigt. Dort schützt sie bis zu ihrem nächsten Einsatz den Ellenbogen vor jeder möglichen Ansteckung.

Auch unterm Mund hat sie in der Pause ihr Zuhause. Da wird sie als schmückende Halskrause getragen und kümmert sich darum, dass die Kinnlade nicht herunterklappt.

Kommen wir zu den professionellen FFP2-Masken. Das sind die, die wie Entenschnäbel aussehen und in die theoretisch ein Snack oder ein Müsli oder eine Entenkeule mit hineinpassen würde. FFP2 gab es zunächst nirgends zu kaufen. Ich habe sogar im Baumarkt danach gesucht und keine gefunden, wobei ich kein guter Baumarkt-Kunde bin. Ich bleibe vor den farbenfrohen Blumen stehen und nicht blumig und froh in der Farbabteilung. Lackierer kennen FFP2 schon lange. Inzwischen haben wir alle dazugelernt.

Bleibt der Rebell – in zwei Varianten.

Der eine ist der Schussel, der seine Maske ständig vergisst und sich notgedrungen im Laden sein T-Shirt hoch und vors Gesicht zieht. Das leiert einerseits den Kragen aus, andererseits legt es den Bauch frei. Oben verhüllt, unten enthüllt. Mann zeigt Wampe. In China gilt es als schicklich, dass Männer ihre Bäuche derart präsentieren, indem sie ihre Shirts nach oben aufrollen. „Peking Bikini" heißt das offiziell. Hierzulande hat sich das nicht durchgesetzt. Ebenso wenig wie das Shirt vor Mund und Nase.

Die wahren Rebellen im „Summer of the Mask" waren jene, die ein Bandana benutzten. Wer kein Bandana kennt – das ist so etwas wie ein Rollkragenpullover, bei dem der lästige, kratzige Pullover einfach abgeschnitten wurde.

Ein Bandana-Träger ist wild und gefährlich wie ein Motorradrocker, selbst wenn er nicht einmal ein Damenrad besitzt. Er will sich nicht gängeln lassen und findet Vorschriften blöd. Erst in letzter Sekunde aktiviert er seinen Wickel. Grinsend zieht er sein Bandana über den Mund, die Nase bleibt draußen. Die wird erst bedeckt, wenn eine unmittelbare Eskalation droht. Diese ist eher unwahrscheinlich, weil der Rebell so rebellisch wirkt, dass sich niemand traut, ihn anzusprechen.

Außerdem tragen viele Leute ihre Masken so: Die Nase bleibt außen vor und thront über dem Stoff. Doch ein Mund-Nasen-

Schutz, der nicht auf der Nase sitzt, nützt so viel wie eine Sonnenbrille, die man sich in die Haare schiebt. Also Maske auf, Nase rein!

Nachtrag

Ein Kompromiss wäre vielleicht die Plexiglasscheibe, die so elegant an der Stirn klemmt: das Visier. Unsere Stadtführerinnen in Erfurt liefen im August 2020 damit herum. Einige sahen damit aus wie nicht zu Ende ausgepackte Barbie-Puppen. Da war die Verpackung noch dran.

Solche Scheiben offenbaren das Gesicht in voller Pracht. Man sieht sich. Falls Innen- und Außenscheibenwischer angebaut wären, ließen sich Eigen- und Fremdspucke jederzeit elegant entfernen.

Doch wenn es stark windig ist oder sogar stürmt, benimmt sich Plaste wie Elaste. Da klappen diese Visiere nach oben und stellen sich hoch über dem Haupthaar auf. Unterstützt durch die Segelohren, die wir uns durch die zu kurzen Gummibänder der meisten Masken eingehandelt haben, bildet diese Kombination einen prächtigen Windfang. So fliegen die Visier-Visagisten mit vollen Segeln davon ... und ahnen nicht, wohin es sie weht.

Womöglich würden Erfurts Fremdenführerinnen in Apolda landen. Nur was sollten sie dort erzählen? Wie herrlich es in Erfurt ist?

In der Quarantäne[32]
Geschrieben für das Pandemistische Gartentheater im Sommer 2020

In der Quarantäne
Bekam ich stumpfe Zähne.
Jeden Tag Erasco –
Das war ein Fiasko.
Huch, nun bin ich aufgeschwemmt
Und pass nur noch ins letzte Hemd.
Die Hose lasse ich gleich weg,
Die hat sowieso kein'n Zweck.

In der Quarantäne
Bekam ich Darmprobleme.
Denn es gab kein Klo-Papier.
Ich nahm die TA dafür.
Hefe fehlte für das Backen.
Scheißegal, ich will nur k...
Dafür gab es sehr viel Bier,
Erst eins, dann zwei, dann drei, dann vier.

---

32 Das ist ein anspruchsvolles Gedicht. Darum muss man vorab sehr viel wissen, um es in vollem Umfang zu, ich nenne es mal, „knacken". Abkürzungen, Anspielungen und verschiedene Herren machen es diesem Gedicht unnötig schwer. Darum diese Hilfestellung: „TA" steht für „Thüringer Allgemeine", die Lokalzeitung, die in Strophe 2 einem drastischen Verwendungszweck dient. Kinder sollten das besser nicht lesen. In Strophe 4 wird auf den Friseurketten-Inhaber Kemmerich angespielt, der Anfang des Jahres 2020 für wenige Tage Ministerpräsident (kurz „MP") Thüringens war. Er trägt Glatze. Wenig später, in Strophe 5 mit den vielen Namen, schleicht sich der wahre Ministerpräsident Ramelow ein, zusammen mit dem Oberbürgermeister von Erfurt, Bausewein. Hm, das ist die längste Fußnote in diesem Buch geworden. Trotzdem werde ich das Gefühl nicht los, dass sie überhaupt nicht weiterhilft.

In der Quarantäne
Hatte ich Migräne.
Das Fernsehen lief echt jeden Tag,
Obwohl ich gar kein Fernsehen mag.
Immer wurde diskutiert,
Was da gerade wohl passiert.
Und am Ende folgten noch
Die neuesten Zahlen vom Robert Koch.

In der Quarantäne
Wuchs mir eine Mähne.
Kein Friseur mehr in der Stadt,
Die so viel Friseure hat.
Oh je, oh je, oh jeminee...
Einer war sogar MP!
Der hat's gut, der hat 'ne Platte.
Doch ich? Ich hab' jetzt voll die Matte.

In der Quarantäne
War ich so alleene.
Gabi, Peter, Detlev, Steffen,
Keinen davon konnt' ich treffen.
Katrin, Britta, Kay und Gerd,
Alle blieben ausgesperrt.
Pamela, Chantall, Doreen,
Jede musste wieder geh'n,
Ramelow und Bausewein,
Keinen davon ließ ich rein.
Sogar zu meinen Alten
Musste ich Abstand halten.
Inzwischen ist es richtig schwer,
Denn jetzt kennt mich keiner mehr.

Nach der Quarantäne
Hab' ich keine Pläne.
Ich liege einsam, stumpf und fett
Stundenlang in meinem Bett.
Bei Facebook pflege ich Kontakte.
Die meisten davon sind beknackte.
Mehr bleibt mir leider nicht zu tun,
Als nun vom Wahnsinn auszuruh'n.

Alte weiße Männer.

Der Sandmann muss weg[33]

Wieso setzen Eltern ihre Jüngsten jeden Abend einem gruseligen bärtigen Mann vor, der nichts Besseres zu tun hat, als die Kleinen einzuschläfern? Mit einer Substanz, von der nichts bekannt ist und die in ihrer Konsistenz stark an eine Giftgas-Wolke erinnert. Wirkt das Zeug auch bei Erwachsenen, dass niemand von ihnen die Augen wachsam aufhält und auf diesen Ziegenbart richtet? Ich übernehme das.

Erstens: Der Typ hat einen schier unendlichen Fuhrpark, was es verdammt schwer macht, ihn zurückzuverfolgen. Diverse Kleinwagen, Nutzfahrzeuge wie Betonmischer, Lokomotiven, Boote, Fluggeräte oder sogar Reittiere jeglicher Art stehen ihm zur Verfügung. Ständig nutzt er neue Fortbewegungsmittel, um mobil zu sein. Einerseits pranzt er damit herum und andererseits wechselt er täglich, als hätte er etwas zu verbergen. Allein das ist verdächtig.

Zweitens: Er spricht nie, lächelt nicht über seinem Spitzbart, und ist kein Freund großer Kommunikation. Eigentlich kommuniziert er gar nicht. Egal, wohin er kommt, ob er Arbeiter, Bauern, Indianer, junge Pioniere, Märchenfiguren, Würmer, Vögel oder Außerirdische besucht – sie erkennen ihn und öffnen ihm sofort Fenster und Türen. Ja, sie lassen ihn unaufgefordert ein. Niemand sagt ein Wort.

Drittens: Kaum ist er eingetreten, stellen die, die er heimsucht, den Fernsehapparat an. Das, was da läuft, ist meistens grenzdebiler Kinderkram und wird den alten Zausel definitiv nicht jucken. Kaum ist dieses Programm durch, erhebt er sich gelassen, greift in den Sack und wirft sein dubioses Pulver in die Runde. Alles im Umkreis reibt sich die Augen – und er ist fort.

---

33 An irgendeinem Thema muss man sich ja abarbeiten, wenn man zuhause sitzt. Bei mir hat es voll den Sandmann erwischt, die olle Nuss. Ich hatte endlich mal Zeit, tiefschürfend über ihn nachzudenken. Das Ergebnis erschreckt mich selbst.

Viertens: Das einlullende Lied, welches ihn seit jeher begleitet. Darin wird vorgegeben, wie er wahrgenommen werden soll: Als „Sandmann, lieber Sandmann". Er ist überhaupt nicht lieb, denn er spricht nicht, bringt keine Geschenke mit und glotzt ständig Fernsehen. Was soll daran lieb sein?

Da wäre ich genauso lieb, wenn ich bei irgendwelchen Leuten aufkreuze, ohne „Hallo" in ihre Wohnung latsche, den Flat Screen anknipse und unbekannte Substanzen auf ihrem Teppich verstreue. Die würden mir was erzählen. Zu Recht. Die Sandmann-Macher müssen endlich begreifen, was für einen gefährlichen Blödsinn sie da verbreiten. Und welche viehische Angst der Sandmann den Kindern einjagt! Denn das ist eine Drohung, wenn es im Sandmannlied am Ende heißt: „Nun schnell ins Bett und schlaft recht schön. Dann will auch ich zur Ruhe gehen." Das heißt, der Alte passt genau auf und steht gleich neben dem Bett – und wehe, die Augen sind nicht zu!

Fünftens: Der alte weiße Mann. Er kam, sah und streute. Über 60 Jahre lang. 1959 begann seine Schreckensherrschaft. Der Mann, der den Kindern die Nacht bringt – im neuen Jahrtausend kann er ins Heim, in die Anstalt (da ist er ja schon), in den Vorruhestand. Es ist Zeit für einen Generationswechsel. Alte Männer wurden und werden ersetzt. Batman durch Cat Woman, Super Man durch Supergirl, der Joker durch die Yogurette.

Es ist Zeit für eine junge, hübsche, freundliche Frau, die spricht, die lächelt und keine Psychopharmaka-Wolke ausdünstet, sondern wohltuende Tees und Düfte zum Einschlafen reicht. Die die Leute voller Empathie besucht, neugierig auf sie ist und deshalb mit ihnen redet. Und die eben nicht stumpfsinnig Fernsehen glotzt, wenn sie zu Besuch ist.

Eine Schlummerfee, eine Sandmännin, eine Sandfrau, eine Sandine oder kurz: Sandy! Sandy kann schwarz sein – oder lesbisch oder beides. Oder Transgender – und die Kinder könnten sich jeden Abend überraschen lassen, ob Sandy als Frau oder Mann oder als nichts von beiden auftritt. Sandy – auch als App fürs Handy (Sorry, da konnte ich nicht widerstehen).

Da sollten MDR und RBB fix ausschlafen, wenn ich mir hier schon die Mühe gemacht habe, den Sendern das komplette Konzept zu erarbeiten. Ich will nix dafür haben, ich verschenke es. Hauptsache, es spukt nicht weiterhin der Zombie-Opa herum, um den Kindern die Träume zu versauen. Generationen von Bettnässern werden erlöst sein. Doch noch ist nichts in trockenen Tüchern.

Schwiemu Schocker TV

Die Schwiegermutter liebt Schocker. So nennt sie Filme, die nach 22 Uhr im Fernsehen laufen. In solchen Schockern hat sie gesehen: wie Köpfe rollen, wie große Monster auf kleine Häuser treten, wie Außerirdische in unterirdischen Geschichten rumballern und – das habe ich anfangs vergessen – wie Köpfe zunächst abgehackt werden, um überhaupt rollen zu können. All das verkraftet die Schwiegermutter gut und erzählt mir mit großen Augen davon, wenn sie uns besucht. Brenda hört nicht zu – sie mag solche Filme nicht und schaltet auf Durchzug.

„Guter Gott, war das schlimm! André, da haben die losgeschlagen ... ach, und der eine, der hat dem anderen sein Schwert mitten ins ..." Dann bricht sie ab und hält sich die Hand vors Gesicht. Vermutlich schaut sie fast alles von diesen Filmen genauso – mit der Hand vor dem Gesicht. Um zwischen den Fingern hindurch zu linsen, um doch noch die brutalsten Szenen zu erhaschen.

Brenda hat diese Technik weiterentwickelt und hält sich ein Kissen vors Gesicht. Schummeln geht da nicht mehr. Deshalb kann Brenda anschließend nicht mitreden. Ich muss ihr Bescheid geben, wenn die schlimme Stelle vorbei ist. Manchmal vergesse ich das, und Brenda sitzt bis zum Filmende mit dem Kissen vor dem Gesicht. Oder sie hat sich auf dem Sofa eingekuschelt und ist eingeschlafen.

Die Schwiegermutter schläft nicht ein. Sie ist hellwach und kennt sich aus und kann Filme prima auf den Punkt bringen.

„Da hat die mit ihrem Drachen alles angezündet, guter Gott!", fasst die Schwiegermutter das Finale von „Game of Thrones" zusammen.

„Affen mag ich nicht", urteilt sie nach „Planet der Affen – Survival". „Bäh!"

„Die Russen, André! Die Russen! Aber der hat sich gerächt!", erzählt sie mir, nachdem sie in einer Nacht „John Wick" im Fernsehen erwischt hat.

„Die hätten seinen Hund nicht töten sollen, die Russen", weiß die Schwiegermutter genau, woran es liegt. Denn das macht John Wick stinksauer und er tötet die Russen. Das kann er gut. Bis eben war er der harmlose Auftragskiller im Ruhestand. Jetzt killert er wieder los.

„Guter Gott, André, und der murkst sie alle ab!" Die Schwiegermutter schüttelt sich. „Alle!", wiederholt sie.

Das hört Brenda, die nicht aufgepasst hat. Sie schreckt hoch: „Geht's dir gut, Mama?"

„Ach, der war wirklich schlimm, der, der ..."

„John Wick", assistiere ich.

„Und dieser Wick macht Ärger?", erkundigt sich Brenda.

„Der hat alles kaputtgeschlagen", lässt sich die Schwiegermutter nicht beirren.

„Mama, da musst du dich an die Hausverwaltung wenden oder die Polizei holen", rät Brenda.

Die Schwiegermutter und ich reagieren gar nicht darauf. Brenda zuckt mit den Schultern und ringelt sich wieder auf dem Sofa zusammen.

„Und wie fandest du John Wick?", frage ich die Schwiegermutter.

„Ich konnte danach gar nicht schlafen", gibt sie zu. Sie lässt nach so einem Film lieber das Licht im Schlafzimmer an. Es könnte ja sein, dass der John Wick kommt. Beziehungsweise kommt er nicht, weil das Licht brennt. Und wenn er käme, würde er im hellen Schein gleich erkennen, dass die Schwiegermutter keine von den Russen ist. Spätestens wenn sie erschrocken aufspringt und „Guter Gott!" ruft.

Trotzdem schaut die Schwiegermutter solche Filme. Immer will sie mich überzeugen, dass ich mit ihr einen Schocker gucke, wenn sie uns besucht. Wir müssen warten, bis Brenda schläft. Dann legen wir los.

„Möchtest du den ersten Film von Leonardo DiCaprio sehen?", schlage ich vor. „Da ist er blutjung." Ich wedele mit einer DVD.

„Oh ja", antwortet sie und denkt bestimmt an eine Art Titanic im Kinderplanschbecken.

Stattdessen schauen wir uns die „Critters", Teil 3, an. Critters sind kugelige Aliens mit scharfen Zähnen, eine Art Igel aus dem All, die in Teil 3 einen Wohnblock befallen und sich in die leckeren Mieter verbeißen. Der kleine Junge Leonardo DiCaprio ist mittendrin. Selbstverständlich überlebt er, sonst hätte er die tollen Filme als Erwachsener nicht mehr machen können. Dennoch ruft die Schwiegermutter mehrmals „Guter Gott!" und hat am Ende keine Ruhe: „André, da sind drei Eier von den Viechern übrig. Was ist denn damit?"

„Keine Sorge, ich habe auch Teil 4 von den Critters auf DVD!", kann ich die Schwiegermutter beruhigen. Den schauen wir im Anschluss und gehen spät ins Bett.

Solche Kost verkraftet die Schwiegermutter tadellos. Sie ist eine harte Tasche. Keiner aus Film und Fernsehen kann der Schwiegermutter was. Zur Not bleibt eben das Licht an, wenn der Fernseher aus ist.

Nur vor einem Programm hat sie schrecklich Angst und fleht „Bitte nicht!", wenn wir es beim Durchzappen erwischen. Sie fürchtet sich vor allem, was mit Schlagermusik zu tun hat. Vor den Floris und Helenen dieser Welt. Da sagt sie nicht mal mehr „Guter Gott!", da wählt sie gleich dieses schlichte, unverstellte, flehentliche „Bitte nicht!" Diesen Wunsch erfüllen wir der Schwiegermutter sofort und schalten schnell um. Wenn sie „Bitte nicht!" sagt, ist auch Brenda sofort hellwach.

Denn das möchten wir beide niemals, dass die Schwiegermutter nicht schlafen kann und nachts mit einer Bratpfanne bewaffnet bei Scheinwerferlicht neben ihrem Bett steht und Wache hält – bereit zuzuschlagen, falls der Florian Silbereisen singend bei ihr einsteigt.

Ich würde es ihm nicht raten. Denn wenn ihn der Schlag mit der Bratpfanne verfehlt, nutzt die Schwiegermutter ihre Kontakte. Und wir wissen: Sie kennt John Wick!

Das Meer

Vor mir liegt das Meer.
Es fließt sehr hin und her.
Das geht schon eine Ewigkeit.
Das weite Meer hat sehr viel Zeit.

Das kleine Stückchen Land
Am Meer, das ist der Strand.
Ich werde gern hier liegen,
Um mehr Meer abzukriegen.

Das Meer ist niemals stumm,
Es meert und mehrt herum
Und ruft mich: „Hi André!"
Ich sehe auf die See.

Ich gucke auf die Wellen:
Delfine fiepen, Seehunde bellen,
Flundern platschen, Muscheln knacken.
Quallen matschen, Krebse klacken,
Aale zucken, Lachse flachsen,
Sprotten spucken, Schollen schnackseln.

Der Dorsch ist forsch,
Dem Butt geht's gutt,
Der Hering hält,
Der Aal bringt Geld.

Ein Bötchen rattert, ein Bernstein blinkt,
Ein Segel flattert, der Seetang stinkt.
Möwen kreischen, Wale prusten ...
Hier brech' ich ab, ich muss mal husten.

Wenn der Fisch mal selber fischt,
kommt der Seemann auf den Tisch.

Brenda hasst die Ostsee

Brenda hasst die Ostsee. Sie will nie wieder im Sommer dorthin. Dabei ist es großartig, in diesen Zeiten in etwas anderes zu springen als in den Alperstedter See, den Stotternheimer See oder die Kiesgrube Leubingen. Aber nein, Brenda will nicht.

„Das war der einzige Badeurlaub, in dem ich kein Eis gegessen habe", erinnert sie sich, „weil es zu kalt war!"

„Das Eis?", bemühe ich mich um einen lauen Gag.

„Du weißt genau, was ich meine!"

Klar weiß ich das. Wir waren im September dort und bei 15 Grad fand ich es herrlich in Binz.

„Weißt du noch, wie unser Strandkorb hieß?", teste ich Brenda.

Sie schweigt.

„Binzprinz", löse ich auf. „Binzprinz – ich finde das lustig. Das ist fast wie ‚Ich Binz'."

Brenda stöhnt. Gleich werde ich ihr erzählen, dass Binz mit diesem Slogan Werbung gemacht hat – „Ich Binz". Ach nein, das habe ich ihr schon in Binz erzählt. Mehrmals. Da hat sie auch gestöhnt.

„Ich will nie wieder Badeurlaub an der Ostsee machen. Da geht man ja nicht baden, weil es heiß ist, sondern weil es gerade gut passt."

„Genau, bei einer Wolkenlücke."

Brenda ist in Fahrt.

„Und das Wasser war schrecklich, da schwamm lauter Zeug drin herum – wie in einem Gurkenglas!"

„Ich weiß, lauter Schlingschlang, wie du immer sagst."

„Und Quallen. Und ich lag unter zwei Decken!", beklagt sich, obwohl ich sie extra zugedeckt habe, damit sie nicht friert.

„Man muss den Strandkorb in die Sonne drehen", werfe ich ein, „den kann man nicht so stehen lassen, dass man immerzu aufs Wasser blickt."

„Aber dafür fährt man ans Meer!"", braust Brenda auf.

„Du hörst das Meer doch noch", widerspreche ich, „es ist ja nicht weg. Und wenn du es sehen willst, musst du eben aufstehen."

Brenda schnauft.

„Außerdem ist man im Strandkorb windgeschützt, wenn man sich richtig hineinlegt", versuche ich, Brenda zu überzeugen. Es gelingt nicht.

„Dann sehe ich ja gar nichts mehr, wenn ich da drin liege und den so drehe, wie du willst."

Als wenn das nicht genug wäre, fügt Brenda hinzu: „In Spanien ist das anders. Euch haben sie voll verarscht."

Damit meint Brenda uns. Sie selbst stammt aus dem fränkischen Fichtelgebirge und war als Kind nie an der Ostsee. Ich konnte mit meinen Eltern dutzende Male bei einer Familie in Dranske unterschlüpfen. Die zog einfach in ihr Wohnzimmer um und stellte einen Kühlschrank in ihr Schlafzimmer. Fertig war die Ferienwohnung.

Am Strand spielte ich wie alle Kinder mit einem Eimerchen am Wasser und schlief mittags im Sand. Aus Tüchern und Besenstielen baute mein Vater einen Windfang. Wir aßen weiße Brötchen mit feiner Dosenleberwurst, auf die eine Menge Sand geweht wurde. Es knirschte beim Kauen. Ich konnte nicht ordentlich sprechen, ich erzählte den Leuten: „Wir sind zu kritt in Kranske. Ich heiße Ankre."

An besonderen Tagen leisteten sich meine Eltern in diesen Ostseeurlauben einen Strandkorb. Stolz nahmen sie darin Platz und wiesen mir eine der Fußrasten zu. Manchmal waren sie zu stolz und vergaßen es. Nach einer angemessenen Wartezeit bat ich schüchtern: „Darf ich bitte Fußraste?"

„Hörst du mir überhaupt zu?" Brenda merkt, dass ich vor mich hin stiere, weil mir etwas durch den Kopf geht.[34]

„Freilich", behaupte ich schnell – etwas zu schnell, wie Brenda mit ihrem feinen Gespür feststellt.

---

34 Diesmal habe ich nicht geträumt. Ich habe überlegt. Das wollte ich klarstellen.

„So, und was habe ich zuletzt gesagt?"

„Ob ich dir zuhöre."

„Und davor?"

„Das mit der Ostsee."

„Hm", macht Brenda. Überzeugt ist sie nicht. Dann redet sie weiter. „Und der Sand ... ich habe heute noch welchen in den Klamotten."

„Das mit den Hühnergöttern hat dir gefallen", fällt mir da ein.

„Ja, allerdings lagen die direkt an der Promenade", entgegnet Brenda. Den ersten Hühnergott hatte sie in einem Souvenirladen für zwei Euro gekauft. Alle weiteren sammelte sie einfach ein. Die kullerten in diesem Kiesbett neben dem Gehweg herum, ohne dass Brenda sie großartig suchen musste.

Ich kann wieder nicht punkten.

„Na gut", lenkt Brenda ein, „Silvester war nicht schlecht."

Ja, wir haben Silvester an der Ostsee verbracht. Mit Feuerwerk an der Seebrücke. Das war bombastisch.

„Da weiß man ja, dass es kalt ist", setzt Brenda nach.

Ich will nett sein und pflichte ihr bei: „Ja, da ist Spanien anders. Da ist es nie kalt."

„Sei nicht so ein Blödmann! In Spanien ist ein Badeurlaub eben, wie ich ihn mag. Weißer Strand, blaues Meer – und es ist heiß. Denk mal an Menorca."

„Ja, da ist die Ostsee anders. Da ist es ..."

Brenda spricht für mich weiter: „... da ist es immer kalt."

„Kalt ist relativ."

„Dann sag ich es eben anders!"

„Oh, wie denn?" Ich bin neugierig.

„Die Ostsee ist nicht das Mittelmeer."

Darauf können wir uns einigen, daran gibt es nichts zu rütteln. Es stimmt: Die Ostsee ist nicht das Mittelmeer.

Wir liegen auf zwei alten Liegestühlen mit blau-weißem Strandkorbstoff auf einer vertrockneten Wiese mitten in Thüringen und träumen vom nächsten Urlaub.

Summer Sex Sounds

Im Sommer hat jede und jeder die Fenster weit geöffnet. Das führt dazu, dass man in einem rundum bebauten Hinterhof Dinge hört, die man niemals hören wollte. Sie sind privat, persönlich, intim und gehen die Nachbarschaft definitiv nichts an. Dennoch ist diese Nachbarschaft unschuldig. Völlig ungewollt wird sie Ohrenzeuge der verschiedensten Mini-Hörspiele. In den besten davon dreht sich alles um sommerlichen Sex. Hier sind die diesjährigen Gewinner des Deutschen Nachbarschafts-Hörspielpreises, Kategorie Sex (DNHPKS).

Platz 5: Olli, der Bumser
Niemand spricht ein Wort. Es rumpelt plötzlich und unerwartet dumpf los, etwas scheint gegen eine Wand zu wummern. Ah, Olli, der Bumser ist wieder aktiv. Er heißt so, weil er oft bumst. Das ist nur eine Vermutung. Kein menschlicher Laut ist zu hören, nur dieses Wummern und Rumpeln. Ist das Sex? Oder testet Olli in seiner kleinen Wohnung eine selbst gebaute Kolbenpumpe? Stanzt er Löcher in Metallschablonen? Hackt er Holz? Wenig später steht er lächelnd auf seinem Balkon, eine rauchende Frau steht neben ihm. Das Handwerk ist vollbracht, nun ist Pause.

Platz 4: Madame Huhu
Die Frau auf dem nächsten Balkon meldet sich stets sehr freundlich mit einem „Huhu", wenn sie uns sieht. Wir nennen sie daher „Madame Huhu" und grüßen nett zurück. Sie hat eine sehr hohe und markante Stimme, die man gleich erkennt. Neulich war sie nicht zu sehen, aber durch die offenen Fenster und Türen deutlich zu hören. Sie rief: „Hu, hu, hu, huuu!" Wir wissen nicht, wem das galt. Das schlichte „Huhu" finde ich deutlich besser. Sonst müssten wir die Frau ja umbenennen. „Madame Huhuhuhuuu" wäre aber viel zu lang.

Platz 3: Hilfe, Hilfe!

Auch bei denen, die das Buch „Fifty Shades of Grey" nicht gelesen oder den Film nicht geschaut haben, ist scheinbar der Knoten geplatzt oder sie knoten ihn zunächst. Selbst mein Kumpel M. hat mir gestanden, neuerdings Kabelbinder aus dem OBI im Nachtschrank griffbereit zu haben. Damit muss man hantieren können, sonst schallt es „Hilfe, Hilfe" wie bei uns im frühabendlichen Hinterhof. Besorgt liefen sämtliche Frauen zusammen, denn es war ein Mann, der irgendwo aus dem Dachgeschoss seltsame Hilfe-Rufe mit viel Gestöhn absonderte. Sollte die Polizei verständigt werden? Oder spielte er ein Fesselspiel voller Leidenschaft? Warum nur bat er um Hilfe? Wobei? Es wurde wild diskutiert, bis die Hilfe-Rufe verstummten.

Keine Bange, der Mann lebt und ist wohlauf. Wir haben ihn später auf der Straße gesehen. Da war er wenig hilfreich und hat nicht berichtet, was geschehen ist. Dabei hätten wir ihm fürs nächste Mal mit Verona Feldbusch-Pooth im Hinterkopf versprochen: „Da werden Sie geholfen."

Platz 2: Verlockende Falle

Ein Nachbar, der in diesem Buch bereits einen amtlichen Auftritt hatte, lässt im Sommer seine Schlafzimmerfenster gekippt und mag ein Stelldichein nicht nur bei Kerzenschein, sondern ebenso am Sonntagmittag nach dem Essen. Alle sitzen bei diesem herrlichen Wetter draußen. Ihn und seine Gespielin verschlägt es nach drinnen. Er hat scheinbar etwas Vorsprung, denn durch das offene Fenster hören wir die Worte: „Ich hab' mich schon mal hingelegt. Du kannst ja dann nachkommen."

Verlockender geht es nicht. Das ist die Erotikoffensive pur. Wie erfolgreich sie war, vermag ich nicht zu beurteilen. Die Fenster wurden eilig zugeklappt.

Platz 1: Der Self-Made-Man

Eine Freundin aus einer Eigenheimsiedlung hat sehr gute Ohren. Sie hört das Gras wachsen und das, was die Nachbarinnen in der Siedlung so von sich geben. Selbst wenn die Häuser weit auseinanderstehen. Die offenen Fenster lassen Geheimnisse frei, und Hall und Schall helfen dabei.

An einem Sommerabend saßen Saskia und ihr Gefährte draußen. Eine Nachbarin und ihr Mann gingen früh zu Bett und lüfteten. Der Mann wollte mehr als dieses Lüftchen, und so hörte Saskia, wie die Frau sagte: „Ich bin müde. Du weißt ja, wo alles ist. Aber mach' danach das Licht aus."

„Gute Nacht", mag man da hinzufügen.

Das sind sie, die fünf Gewinner des Deutschen Nachbarschafts-Hörspielpreises, Kategorie Sex (DNHPKS). Sie haben es alle gut gemacht! Jede hat mit jedem den ersten Platz verdient.

Egal, wo Sie gerade sind – auf dem Balkon, auf der Terrasse, auf der Wiese oder im Hof: Wenn Sie auch so etwas hören, gehen Sie positiv damit um! Applaudieren Sie! Feuern Sie an! Jodeln Sie mit! Machen Sie Mut!

Oder leisten Sie von mir aus Ihren eigenen Beitrag. Bitte denken Sie daran, vorher die Fenster zu schließen, um nicht selbst für diesen Preis nominiert zu werden. Sonst hören wir uns hier wieder ...

Marder-Alarm
Geschrieben für das Pandemistische Gartentheater
im Sommer 2020

„Der Terrassenscheißer ist wieder da", empört sich Brenda und zeigt auf einen Haufen neben den Blumentöpfen. Seit drei Tagen wird die Terrasse derart dekoriert. Seit drei Tagen sagt Brenda: „Du musst den Haufen fotografieren. Da gibt es eine App, damit kannst du bestimmen, was für ein Tier das war."
Ich habe keine Lust, durch Kackhäufchen zu scrollen, um eine Übereinstimmung zu finden. Darum mache ich kein Foto und lade keine App herunter.
„Du musst den Haufen fotografieren. Da gibt es eine App ...", sagt Brenda.
„Ja, mit der man das Tier bestimmen kann", erwidere ich. „Ich weiß, ich habe davon gehört."
„Und?", hakt Brenda nach.
„Ich brauche die nicht. Das war ein Marder", bestimme ich und zeige auf den Haufen.
„Also Herbert und Manfred!", schlussfolgert Brenda, und sie klingt fast ein bisschen froh darüber. Herbert und Manfred hat sie die beiden Marder getauft, die im Sommer nachts um unser Häuschen ziehen und Krach machen. Brenda gefällt die Idee, dass da ein scheinbar schwules Marder-Pärchen wohnt und uns vor anderen, schlimmeren Tieren wie Wölfen oder Bären bewahrt.
Brenda überlegt.
„Bisher kacken Herbert und Manfred auf die Stufen und in deine Latschen ... und nicht hierhin. Das ist neu."
Das stimmt. Brenda erinnert mich ständig daran, die Latschen woanders hinzustellen. Ich habe es oft vergessen. Nun muss ich es mir auch nicht mehr merken, wenn Herbert und Manfred mit ihrem Geschäft umgezogen sind. Als Terrassenscheißer!

„Ich hab' nichts dagegen, wenn sie die Stufen und meine Latschen in Ruhe lassen", sage ich.

„Ich fand das vorher besser", hält Brenda dagegen.

„Ich kann ja meine Latschen auf die Terrasse stellen", schnappe ich ein.

„Au ja", freut sich Brenda.

Wir frühstücken auf der Terrasse. Die Stimmung ist im Eimer. Ich male mir aus, wie Brenda meine Latschen absichtlich auf die Terrasse pfeffert, wenn ich nicht da bin. Künftig muss ich sie anziehen oder verstecken.

Am Abend ist es wieder soweit. Herbert und Manfred rumpeln übers Dach, nehmen Anlauf und springen auf den alten Wintergarten, der schon auf sie wartet. Es knallt wie ein Kanonenschlag – und weil es Spaß macht, drehen Herbert und Manfred gleich die nächste Runde. Sie galoppieren übers Dach, kurz ist Ruhe – zwischen Absprung und Aufschlag – dann knallt es abermals.

Bei Runde 5 leuchte ich mit der Taschenlampe hinaus. Es wird taghell auf dem Wintergarten, denn ich habe in ein prächtiges Exemplar investiert. „Photonenpumpe" stand auf der Taschenlampen-Packung. Ich pumpe – und erkenne im Scheinwerferkegel ... Herbert und Manfred und ...

„Was siehst du? Was siehst du?", will Brenda aufgeregt wissen, hält es nicht aus und steht neben mir.

„Oh, das sind drei Marder", spricht sie es noch vor mir aus.

„Ja, ein großer und zwei kleine", bestätige ich. Zwar pumpe ich weiter Photonen, aber die Marder stört das nicht. Sie blinzeln uns an und sehen putzig aus mit ihren weißen Lätzchen. „Oh, wie süß", flüstert Brenda. Der größere Marder faucht uns genervt an und springt in die Hecke. Die zwei kleinen folgen.

„Herbert und Manfred?", frage ich Brenda, als wir uns wieder hingelegt haben. „Das waren Junge ... oder Welpen ... oder wie das bei Mardern heißt ..."

„Na und, dann sind es eben Herta und Manfred – und die haben Nachwuchs", klärt Brenda das kurzerhand auf.

„Und wer war das jetzt?"

„Herta mit ihren Kindern Justin und Jason!", legt Brenda fest.

„Justin und Jason?"

„Warum nicht!"

Herta und Manfred, Justin und Jason – wenn das so weitergeht, haben wir bald einen Streichelzoo. Ich brauche Unterstützung – und ich weiß auch schon, an wen ich mich wenden kann. Die Schwiegermutter! Lächelnd schlummere ich ein.

Lange lächele ich nicht, der lustige Tanz auf dem Dach beginnt von vorn. Herta zeigt Justin und Jason, wie man aus dem vollen Galopp formvollendet auf den Wintergarten springt ... Sie üben und üben ihre kleinen Arschbomben – und das macht müde und müde ... irgendwann schlafen wir alle.

„Guter Gott, das geht gar nicht", stellt die Schwiegermutter am Telefon fest. „Das ist ja das! Da müsst ihr was unterneeeeehmen." Das „unterneeeeehmen" zieht die Schwiegermutter extra lang, dass ich es gut verstehe. „Die machen euch alles kaputt."

„Ich will ja was unterneeeeehmen", gebe ich ihr Recht und ziehe das Wort wie sie in die Länge. Am Morgen habe ich mehrere Häufchen auf der Terrasse entdeckt. Brenda weiß nichts davon, sie musste schnell zur Arbeit. „Ich will keinen Terrassenscheißer!"

„Ich hab' da was in der Norma gesehen", überlegt die Schwiegermutter. „Das müsst ihr euch kaufen. Die Leute waren wie verrückt. Alle haben das gekauft. Alle!"

„Was denn?", frage ich.

„Ich weiß ja nicht, ob ihr das auch habt."

„Was denn?", wiederhole ich meine Frage.

„So ein Gerät – und schon gehen die Marder weg. Aus und Schluss, Julius!"

Für die Schwiegermutter ist alles geklärt. Sie legt auf, sie will in ihr geliebtes Freibad mit dem niedlichen Namen „Wasserfloh".

Ich fahre stattdessen zur Norma und erstehe tatsächlich ein Gerät, das „Marder-Frei Dual" heißt. Es sendet ein akustisches Signal und startet ein LED-Blitzlicht, wenn sich der Marder nä-

Die Vorstellung ist vorbei. Wann sind endlich alle weg?

hert. So steht es auf der Verpackung. Das ist das Duale. Ich übersetze für mich: Dieses schwarze Zauberkästchen ist eine Marder-Disko mit Piep-Ton und Stroboskop-Licht.

„Herta und Manfred, Justin und Jason – ich hab' da was für euch." Ich reibe mir die Hände.

Ich erzählt Brenda nichts. Es soll eine Überraschung sein. Abends aktiviere ich das Zauberkästchen, kurz bevor wir ins Bett gehen.

„Was blitzt denn da? Was fiept hier so?"

Brenda ist bedient.

„Iii, ist das ein ekelhafter hoher Ton!"

„Das ist Marder-Frei Dual!", erkläre ich ihr nachsichtig.

„Spinnst du? Mach das aus! Ich kann nicht schlafen."

Sie dreht sich um und zeigt mir die kalte Schulter.

Also eile ich auf die Terrasse und schalte das Kästchen aus. Ohne Disko läuft es wie gehabt. Herta und Manfred und Justin und Jason drehen ihre Runden. Brenda schläft bei diesem Gerumpel friedlich vor sich hin. Ich liege wach im Bett und zähle die Stunden, die Tage, die Nächte, die Wochen ... es vergeht viel Zeit.

Mitte Juli passiert etwas. Es rungst und wummst allabendlich. Gitarren jaulen, ein Schlagzeug scheppert, Menschen johlen und pfeifen, und durch ein Mikrofon wird über Lautsprecher erzählt, was wie funktioniert. In der Barfüßer-Ruine spielt das Pandemistische Gartentheater auf.

Marder mögen keinen Krach, den sie nicht selbst verursachen. So verschwinden Herta und Manfred und Justin und Jason, ohne sich zu verabschieden. Kein letzter Gruß auf der Terrasse, nichts, nirgends! Brenda ist traurig, doch ich vermisse weder die Kackhäufchen noch die Arschbömbchen.

Das „Marder-Frei Dual" landet in seiner Schachtel und der Schwiegermutter erzähle ich, dass wir etwas Besseres gefunden haben. Ich glaube jetzt fest daran, was schon so oft im Feuilleton zu lesen war: Theater hilft, Probleme zu lösen!

133

Wo ist der Ständer?

„Wo ist eigentlich der Weihnachtsbaumständer?", fragt mich Brenda drei Wochen vor Weihnachten.

„Beim Harry Potter", antworte ich. Unter der Treppe, die ins obere Stockwerk führt, besitzen wir eine Kammer, die ein bisschen so aussieht wie die von Potter. Bei uns wohnt keine Brillenschlange mit Kratzer am Kopf. Ich selbst darf diese Kammer mit leeren Kartons, Werkzeug, Regalbrettern und einem Staubsauger zumüllen.

„Hm, also da ist er nicht", fasse ich zusammen, nachdem ich in die Kammer geschaut habe. Diese Feststellung meint beide: den Harry Potter und den Baumständer. Ich schließe die Tür. Wir machen uns einen schönen Abend. Also nicht die Tür und ich, sondern Brenda und ich.

„Denkst du an den Weihnachtsbaumständer?", fragt mich Brenda zwei Wochen vor Weihnachten.

„Pausenlos", antworte ich.

„Hauptsache, du weißt, wo er ist."

„Ich gucke mal in dem Fach mit den Koffern nach", schlage ich vor.

„Wenn du meinst ..." Brenda spricht das so aus, als ob sie wüsste, dass da nichts zu finden ist.

Deshalb schaue ich gleich nach. Unter dem Dach ist das Fach mit den Koffern. Ich sehe sofort, dass Brenda Recht hat. Da ist kein Ständer. Trotzdem schiebe ich die Koffer ein wenig hin und her. So hört Brenda wenigstens, wie sehr ich nach dem Weihnachtsbaumständer suche.

„Also da ist er nicht", berichte ich ihr anschließend im Wohnzimmer.

„Das habe ich mir gedacht", fühlt sich Brenda bestätigt. Sie ist zufrieden, weil sie im Recht ist. Wir machen uns einen schönen Abend.

„Was ist denn nun mit dem Ständer?", fragt Brenda eine Woche vor Weihnachten.

„Was für ein Ständer?", stelle ich mich dumm.

„Na, der Ständer!" Brenda wird lauter.

„Achso, der Ständer!" Der für den Weihnachtsbaum. Das heißt nicht Ständer, das heißt Stativ. Wir sind hier nicht beim Schweinskram, sondern im Advent", ermahne ich sie.

„Und, wo ist er?" Brenda ist genervt.

„Na beim Harry Potter war er nicht, im Kofferfach war er nicht – wo wird er wohl sein?"

„Ja, wo denn?" Brenda weiß es nicht.

„Im Keller! Wo sonst?", weiß ich stattdessen.

„Aha", meint Brenda, „Du, wenn wir zu Weihnachten keinen Ständer ..." – sie macht kurz Pause und korrigiert – „... kein Stativ haben, dann ..." – sie stoppt abermals – „... das heißt Weihnachtsbaumständer. Kein Mensch sagt Weihnachtsbaum- stativ dazu!"

„Ich schon", bestehe ich darauf.

„Das zählt nicht", sagt Brenda. Jetzt kann ich eine Runde beleidigt sein, denn ich bin auch ein Mensch. Ich gehe zum Kollern in den Keller.

Im Keller treffe ich manchmal einen der Nachbarn. Dann lachen wir gemeinsam. Der Keller liegt unter einem anderen Haus, jeder hat dort seinen Verschlag. Diesmal bin ich allein. Ich knipse das Licht an und schließe unser Abteil auf.

An Getränkekästen, Balkonmöbeln, Gartengeräten und dem Kugelgrill vorbei kämpfe ich mich vorwärts. Mein Fuß steckt fest. Als ich ihn befreie, ist das linke Bein kurz eingeklemmt. Ich verliere den Halt und plumpse gegen die Kommode. Ein leeres Einmachglas geht zu Bruch. Die Grillkohle fällt um. Unter größ- tem Einsatz erreiche ich das Regal, das in der Ecke steht. Dort müsste der Weihnachtsbaumständer sein.

„Und?", tönt es da hinter mir im Kellergang. Ich schrecke zusammen. Brenda steht dort und späht in unseren Verschlag.

„Den müsstest du mal wieder aufräumen. Da findest du doch nichts mehr."

„Ich habe bisher alles gefunden, was ich finden wollte", behaupte ich.

„Und den Weihnachtsbaumständer?", stänkert Brenda.

Ich schaue ins Regal und scanne mit meinen Augen Etage für Etage: Blumentöpfe, Farbdosen, Dünger, Pinsel – aber kein Weihnachtsbaumständer. Auch unter dem Regal finde ich ihn nicht.

„Nee, du. Der ist da nicht", gebe ich mich geschlagen. Mit viel Gepolter kämpfe ich mich zurück zum Kellereingang. Unterwegs quetsche ich mir die linke Hand. Der Gartenschlauch, der an der Decke hängt, stürzt ab. Brenda wartet, bis ich wieder bei ihr bin. Sie feixt. Ich feixe nicht.

„Was ist?"

„Guck mal, was da steht", freut sie sich.

Sie zeigt in den Kellergang. Dort lehnt eine Art Pyramide aus einem Mülleimer, einem Karton und einer Kehrschaufel an der Wand. Zwischen dem Mülleimer und dem Karton ist ein Weihnachtsbaumständer verbaut. Unser Weihnachtsbaumständer – stelle ich fest, als ich ihn aus dem Haufen herausziehe und mir die rechte Hand anschramme.

„Da ist er ja", triumphiert Brenda.

Unklar ist, wer den Weihnachtsbaumständer auf den Eimer geräumt und mit einem Karton samt Kehrschaufel gekrönt hat. Ich selbst bin es nicht gewesen. Oder? Vor knapp einem Jahr nach den Heiligen Drei Königen, als der Weihnachtsbaum rausgeflogen ist, könnte ich den Ständer geschwind im Kellergang geparkt haben. Irgendwer hat ihn danach beiseite geräumt und irgendeiner hat seinen Eimer samt Kehrschaufel dazu gestellt, später hat jemand einen Karton ergänzt und schließlich hat man all diese Zutaten zu einem Türmchen geschichtet. Oder hat Brenda den Ständer dort platziert?

Sie kichert verdächtig, als wir den Keller mit dem Weihnachtsbaumständer verlassen. Ich verziehe das Gesicht, und als ich nachfragen will, ruft sie schnell: „Weihnachtsfrieden!"

Der hält bis zum Tag vor Heiligabend.

Wir haben den Weihnachtsbaum hereingeholt, in den Ständer gestellt und festgezurrt. Das machen wir immer einen Tag vor dem Fest, dass der Baum sich ausbreiten kann, bevor er geschmückt wird.

Der Weihnachtsfrieden endet, als mich Brenda nach dem Abendessen fragt: „Wo ist eigentlich die Lichterkette?"

„Beim Harry Potter", antworte ich und deute auf die Kammer unter der Treppe.

„Das hast du beim Weihnachtsbaumständer auch gesagt."

„Diesmal bin ich mir sicher." Ich habe die Lichterkette bei der Suche nach dem Ständer kurz gesehen.

„Hast du sie ausprobiert?" Brenda lässt nicht locker.

„Nein, das habe ich ja beim Weihnachtsbaumständer auch nicht gemacht."

Das kommt nicht gut an. Brenda wird lauter.

„Was ist denn das für eine Logik? Das ist doch was ganz anderes!"

Schnell hole ich die Lichterkette aus der Harry-Potter-Kammer und stecke sie in die Steckdose. Ein kurzer, kritischer Moment folgt. Endlich blinkt die Kette und geht an.

„Da hast du Glück gehabt", sagt Brenda und hängt beinahe ein „Freundchen" an. Sie entspannt sich.

„Wieso habe ich Glück gehabt? Du auch!", finde ich. „Jetzt sind wir beide glücklich."

Brenda nickt. Gemeinsam wickeln wir die Lichterkette in den grünen Weihnachtsbaum, der fest in seinem Ständer steht. Da wackelt nichts.

Morgen Vormittag trifft die Schwiegermutter ein, und dann hängen wir mit ihr zusammen die Kugeln und die Schnitzereien auf. Aber der Baum macht auch schon ohne Schmuck etwas her. Die Lichter funkeln im Grün, und er riecht nach Wald. Ich finde das sehr verheißungsvoll. Das gehört sich so, es ist Weihnachten.

Alles schmuck!

Der Lauschaer Christbaumschmuck hat es verdient, immaterielles Kulturerbe zu werden, obwohl er aus Materie besteht. Aus Glas nämlich. Glas ist Materie, daran kann man sich schneiden. Trotzdem ist die Idee gut, wobei eine Idee selbst immateriell ist. Kann aber auch weh tun. Schwamm drüber. Der Schmuck ist das Erbe. Die Glasbläser von Lauscha kreieren längst mehr als Kugeln. Mit wundersamen Förmchen schaffen sie vielerlei Gehänge für den Christbaum: Vögel aus Glas und Lurche, Säugetiere vom Eichhörnchen bis zum Elefanten – mit dabei Kätzchen, Bärchen und Häschen –, verschneite Zapfen und gepunktete Pilze, leuchtende Blumen und grüne Gurken, Schneemänner und Wichtel – und schließlich Häuser, in denen sie alle friedlich miteinander wohnen und ordentlich Dreck machen können. Weil sogar Müllautos als Baumschmuck verkauft werden.

Auch Traktoren und Bagger werden den Freunden von Nutzfahrzeugen als Baumbehang offeriert. Der Fuhrpark wächst. Das Figuren-Ensemble schließt sich an: Beliebte Knetfilmfiguren wie Shaun das Schaf und Shauns Freunde Bitzer und Timmy sind inzwischen aus Glas und als besonderer Schmuck für Fans gedacht.

Dazu wird der Jahreslauf perfekt bedient: Osterhasen sind bereits im Sortiment, Pfingstochsen folgen bald, gruslige Halloween-Kugeln gibt es schon. Vermutlich für Hardliner, die ihren Weihnachtsbaum extrem lange stehen lassen. Oder gar nicht mehr wegräumen.

Etwas dekadent finde ich den Trend, den grünen Tannenbaum mit grünen Glaskugeln zu schmücken – weil sie teuer und mit bloßem Auge nahezu nicht zu erkennen sind. Das ließe sich nur noch steigern, würde man einzelne gläserne Nadeln am Baum befestigen.

Was fehlt in dieser Fülle? Oder wer? Wen möchten Sie baumeln sehen? Oha, da fallen Ihnen sicherlich einige ein. Aus der Nachbarschaft und aus der Politik – ich bin mir sicher.

Zum Fest 2020 wurden folgende Zeitgeist-Anhänger für den Christbaum feilgeboten: Santa Cläuse mit Alltagsmaske, putzige gläserne Klopapierrollen und das Virus höchstselbst, rund wie eine Orange mit reingepiekten Nelken. Wobei man das Virus ausschließlich als Wegwerf-Artikel anbieten sollte: Im übertragenen Sinne wird das Biest besiegt, wenn man eine solche Kugel mit Schmackes zerdeppert. So geht gute Aktionskunst, und sie geht ins Geld, aber Scherben bringen Glück.

Was folgt aber zum nächsten Weihnachtsfest? Glasbläsermeister, aufgepasst! Reagiert schnell, bevor dieses Buch ins Chinesische übersetzt und industriell gefertigt wird, was gleich geschrieben steht. Ihr sollt davon profitieren und nicht nur Scherben erben. Ihr dürft nie wieder dort landen, wo ihr angefangen habt. Denn das war in Zeiten, als echte Äpfel an den Weihnachtsbäumen hingen und ihr unechte Äpfel aus Glas geblasen habt, weil ihr euch keine echten Äpfel leisten konntet. Das darf sich niemals wiederholen.

Ich schlage folgenden Christbaumschmuck vor: ein Vierer-Set zum Thema „Impfen".

Zunächst die Basis-Ausstattung, bestehend aus einer Spritze (dafür muss man einen länglichen Zapfen etwas modifizieren und die Spitze übertrieben langziehen) und einem baumelnden Arm mit hochgekrempeltem Ärmel (hier ließe sich eine Gurke neu bemalen). Wer die Spritze nicht mag, lässt sie weg. Es könnten auch zwanzig handgefertigte Ärmchen aus der Nordmanntanne winken.

Dazu ließen sich zwei Premium-Produkte kombinieren. Eine Figur, die den Lothar Wieler vom RKI[35] im Vollschutz zeigt (dazu eine herkömmliche Weihnachtsmannfigur nehmen, komplett hellblau spritzen und die Augenpartie frei lassen). Und ein Häuschen: ein Impfzentrum (einfach eine altgediente Häuschenform nachnutzen und einen Schriftzug aufs Dach pinseln).

---

35 Der Virologe Christian Drosten lässt sich bereits als Räuchermännchen erwerben, dem ordentlich der Kopf raucht.

Wenig Aufwand, große Wirkung! Ich hoffe, dass rasch etwas Handfestes aus dieser Idee wird – und aus Immateriellem von mir etwas Materielles von euch. Doppeltes Kulturerbe, sozusagen.

Glück auf!

Ach nee, das waren die anderen ...

Gilt auch zum Fest: Glotzen statt kleckern!

Krippen King Klopapier
Zwei Tage vor Weihnachten 2020

Brenda wünscht sich, dass ich die neue Krippe aufbaue. Es ist eine moderne Krippe, und sie wurde in unserer Familie oft weiterverschenkt, weil sie keiner haben wollte. So modern ist sie. Keiner wollte sie wegwerfen, und niemand hat sie jemals aufgebaut. Irgendwer muss sich ihrer erbarmen. Das sind wir. In Wahrheit haben wir die Übersicht verloren, wer die Krippe bereits hatte und wem wir sie weiterschenken könnten. Nicht dass der Beschenkte uns beschämt: „Ah, das ist diese moderne Krippe, mit der mir Onkel Hansi vor drei Jahre eine Freude bereiten wollte. Was ihm übrigens nicht gelungen ist." Den letzten Satz denke ich vorausschauend gleich mit.

Ich packe aus. Der Stall besteht aus zwei Hölzchen, die man ineinandersteckt. Miteinander bilden sie einen rechten Winkel – und wenn man ihn kippt, bildet er das Dach des Stalls. Mehr ist es nicht. Obendrein ist es wackelig.

Die Figuren sind gedrechselt. Sie sind rund und glatt und ohne Details – nicht mal Gesichter haben sie. Angeleimte Kullern ergeben wahlweise die Nasen, die Ohren oder die Arme. Manche haben alles davon. Tiere sind auch dabei. So etwas wie eine hochpolierte Eichel soll das Jesulein sein. Ich lege den Eichel-Jesus auf das Ding, das einen Teelichthalter darstellen könnte, hier aber als Wiege durchgeht. Dann schiebe ich das Kindsbett unter das winkelige Dach. Fertig!

„Machst du das ordentlich?", ruft Brenda aus der Küche.

„Selbstverständlich", rufe ich zurück. Das war zu auffällig, Brenda hat Zweifel.

„Soll ich helfen?", bietet sie an.

„Nein, nein, ich schaffe das schon", antworte ich. In zehn Ehejahren habe ich gelernt, wie ich mir kleine Pausen verschaffen kann. Außerdem mache ich es spannend. „Ich hole dich, wenn es fertig ist."

Damit ist Brenda einverstanden.

Ich denke nach, wie ich die Gefolgschaft um den Eichel-Jesus drapiere. Ich könnte sie einfach so „hinkacheln". Dieses Verb benutzt Brenda, wenn ich etwas einräume. Oder „hinkegeln". Die Püppchen wären selbst schuld, sehen sie doch wie Kegel aus. Das wäre zu leicht, ich bin vielmehr für eine ausgeklügelte Gestaltung. Alles ist erlaubt für diese gesichtslose Masse rund ums Eichel-Jesuskind.

Massen sind schlecht in diesem Jahr. Ich brüte weiter, immer weiter und weiter, bis schließlich der Verkündigungsengel durch meine Rübe rauscht und raunt: „Bau deine Krippe nach den aktuellen Hygiene- und Abstandsregeln auf!"

„Aha", antworte ich ihm, wenn nicht sogar: „Aha + C + L."

Er hat es gehört und meint: „Nein, C + M + B."

Ich will ihm „LMAA" vorschlagen, da ist er in den Himmel geflattert. Die Hirten scheiden aus. So viele Fremde, das geht gar nicht. Ihre Schafe können sie gleich mitnehmen. Wer weiß, was denen im Schafspelz steckt – denken wir an die Nerze in Dänemark, die zu Überträgern wurden. Tiere sind gefährlich, auch Ochse und Esel müssen zurück in die Packung.

Bleiben die Heiligen Drei Könige, denen kleine Kästchen an die Ärmchen geklebt wurden – für Weihrauch, Gold und Myrrhe. Die drei Könige heißen bei uns Caspar, Balthasar und „Herr Melchendorf". Das habe ich bei einer älteren Dame aufgeschnappt. Sie hat mir bei einem Weihnachtsprogramm von ihrem Enkel erzählt, der am Melchendorfer Platz wohnt und den Melchior in seinem Kindergarten folgerichtig zum Herrn Melchendorf gemacht hat. Ich fand und finde es stimmig.

In meiner Krippe schleppen Caspar, Balthasar und Herr Melchendorf nicht den altbekannten Plunder herbei, sondern zeitgemäß Nudeln, Hefe und Klopapier. Sie dürfen die Geschenke vor den Stall legen. Denn drei Gäste sind zwei zuviel. Wenn sie Jesus, Maria und Josef besuchen wollen, muss man ihnen verkünden: Maximal zwei Haushalte sind erlaubt. Drei Könige sind definitiv drei Haushalte. Könige wohnen nicht in einer WG. Es bleibt nur einer der Herren übrig.

Ich entscheide mich für Herrn Melchendorf mit dem Klopapier. Der darf zu Maria und Josef und Jesus. Doch ist Maria nicht Hoch-Risikogruppe? Sie ist empfindlich, sie fängt sich schnell etwas ein. Immerhin ist sie unbefleckt schwanger geworden. Zudem ist ihr Kind nicht aus dem Gröbsten heraus. Muss da ein Fremder in die Wiege sabbern? Lieber nicht. Am besten, Maria und Jesus ziehen sich zurück, bevor der Herr Melchendorf eintritt, „King Klopapier", wie ihn seine Freunde nennen. Josef wird ihn allein im Stall empfangen. Fast findet diese schicksalhafte Begegnung mit dem King statt, da fällt mir im letzten Moment der österreichische Kanzler Kurz ein. Er hat die Parole ausgegeben: „Jeder Kontakt ist ein Kontakt zu viel!" Ich mag Österreich, also höre ich auf Kanzler Kurz – und Josef tut es auch. Er empfiehlt sich, bevor King Klopapier seine Gabe überreichen kann.

Der King steht also einsam und verlassen in der Krippe, dafür ist die Szene hygienisch einwandfrei. Ich bin zufrieden mit meinem Werk. Da rutscht der Winkel, der das Dach bildet, auseinander und haut Herrn Melchendorf um. Dabei sehe ich deutlich die Schrift, die unter dem Fußteil klebt, in dem der Heilige König endet: „Made in China."

„Wu, wu, wu, wu-han", stottere ich und steigere mich dabei. Brenda denkt, ich nieße, und wünscht mir „Gesundheit" aus der Küche. Ich kachele die letzten Teile der Krippe zurück in ihren Karton, denn China ... China ist in diesen Zeiten ein rotes Tuch. Ich wasche mir gründlich die Hände.

Das Fensterbrett, auf dem die Krippe stehen sollte, ist leer. Das hat King Klopapier, der sämtliche Regeln eingehalten hat, nicht verdient. Ich dekoriere die leere Stelle mit einer Rolle von dem guten vierlagigen, von dem noch mindestens fünf Packungen in der Kammer lagern.

Bestimmt wird Brenda sehr angetan sein. Ich muss ihr nur die Zusammenhänge schildern. Wenn wir einen Tannenzweig hineinstecken und eine Kerze anzünden, sieht die Rolle gar nicht so übel aus.

Dabei

Im Jahr 2021 kam die Bundesgartenschau in die Stadt, in der ich lebe. Da war ich automatisch dabei. Wer auf Blumen allergisch reagiert, sollte zum Ende des Buches weiterblättern. Für die anderen folgt ein reimhaltiges BUGA-Spezial. Es soll helfen, Blumen besser zu verstehen. Die sind eher Lyrik als Prosa.

Die Verwirrung ist perfekt. Ist das Flora oder Fauna?

Mein offizielles Bundesgartenschaugedicht

Die BUGA ist im Ganzen
Ein Haufen schöner Pflanzen.
Alle sagen „Oh" und „Ah",
Jeder ist voll Bugaga!

Die Gäste fühl'n sich pudelwohl
In dem geballten Blumenkohl.
Sie seh'n die Rosen, die Narzissen,
Sehr viel mehr will kaum wer wissen.

Vielen wäre das zu schräg,
Denn hierhin ging ein Zickzackweg.
Von dem vielen Fördergeld
Wurde mancher Baum gefällt.

Und mit noch mehr Fördergeld
Wurden neue hingestellt.
Sowas ist der große Sprung,
Das nennt sich Stadt-ent-wickel-ung.

Am Ende gibt man sich den Rest
Und feiert fett ein Blumenfest.
Scheißegal ist die Bilanz.
Wichtig ist doch nur der Glanz.

Erfurt hat ERFURT

Es hilft, dass Erfurt neuerdings einen Schriftzug hat, der ERFURT lautet. Er steht meterhoch auf dem Petersberg vor der Festungsmauer und ist vom Domplatz aus gut zu erkennen. Da weiß man gleich, dass man in Erfurt ist – und nicht in Bielefeld. Es sei denn, in Bielefeld würden sie sich ebenfalls Erfurt-Buchstaben hinstellen. Das wäre raffiniert, aber ich kann mir nicht vorstellen, dass Bielefeld für so etwas Geld ausgibt. Erfurt schon – und nicht nur für die Buchstaben. Auch für die Blümchen, mit denen sie bepflanzt sind. Ich hätte Stiefmütterchen genommen, denn in der Vergangenheit wurde der Petersberg sehr stiefmütterlich behandelt. Da sollte ständig etwas passieren, was nie passiert ist. Daran sollten die Stiefmütterchen erinnern. Auf dem Petersberg war und ist nichts. Dort steht eine leere Kaserne, durch die der Wind pfeift. Selbst der hat keinen Bock auf den Petersberg und pfeift sich woanders einen. In Bielefeld zum Beispiel.

Na gut, zur Bundesgartenschau konnte man auf dem Petersberg durch das vorübergehend angebaute Gemüse rutschen, bloß ist die BUGA längst vorbei, wenn Sie diesen Text lesen. Jetzt ist da wieder nichts. Oder vielleicht doch. Ein Investor will die räudige Defensionskaserne kaufen und anschließend gewerblich nutzen. Gewerblich kann viel bedeuten: Es könnte sich eine Schweinezucht oder eine Schraubenfabrik dahinter verbergen – oder ein Bordell oder alles zusammen. Aber das ist ein anderes Thema, ich will mich nicht verzetteln und lieber über den ERFURT-Schriftzug reden. ERFURT lässt sich hervorragend vom Domplatz aus fotografieren. Wer sich geschickt hinstellt, hat ERFURT genau mittig über dem Kopf. Latscht man allerdings hinauf und fotografiert sich unmittelbar vor den Lettern, hat das Bild keinen ordentlichen Hintergrund. Da ist bloß die Festungsmauer. Ich meine, da hätte man die Buchstaben ERFURT auch vor einem x-beliebigen Plattenbau im Roten Berg aufstellen können. Da wären in der Wand dahinter wenigstens Fenster gewesen, und mit ein bisschen Glück hätte Oma Frieda gerade hinausgeschaut und auf ihrem Balkon ordentlich abgehustet.

Um gute Werbung für Erfurt zu machen – also um all die Bilder, die für Instagram, Whatsapp und Schnick Schnack entstehen, nicht nur mit Beschriftung, sondern auch mit Stadtimpressionen zu veredeln – hätte der Schriftzug ERFURT andersherum auf dem Petersberg stehen müssen. Also so, dass man ihn von der Festung herunter fotografieren könnte mit dem gigantischen Dom und dem Domplatz dahinter. Liebe Leute, die ihr das geplant habt: Das Motiv mit der Wand sieht Kacke aus.

Klar, wenn man die Schrift umdreht, dass sie von Oben zu lesen wäre, lässt sie sich von Unten nicht mehr korrekt erfassen. TRUFRE ließe sich mit Mühe entziffern, was vielleicht ein nettes Städtchen irgendwo in Südfrankreich sein könnte, aber kein Reiseziel in Thüringen. Touristinnen und Touristen könnten verunsichert sein, ob sie am gewünschten Ort sind oder nicht und lieber nach Bielefeld weiterreisen. Ich erinnere an die Sächsin, die einst „Porto" buchte und in „Bordeaux" ankam.

Deshalb kann es nur eine Lösung geben: Der Schriftzug muss sich drehen. Das Theater Erfurt war in den Bau des Buchstabengerüstes involviert. Am Theater kennt man sich mit Drehbühnen aus. Also her damit! Wir brauchen eine Drehbühne.

ERFURT würde langsam auf dem Petersberg kreisen und wäre mal von unten und mal von oben in voller Pracht zu lesen. Extra für den Landesvater könnte sich die Schrift linksherum drehen. Jede und jeder fotografiert, wenn ERFURT so geschrieben steht, wie es ihr oder ihm passt. Ob mit Mauer, Kommandantenhaus, Brühl, Dom, Domplatz, Altstadt, Wäldchen oder wieder Mauer im Hintergrund – um symbolisch eine Runde komplett mitzufahren.

ERFURT wäre in Bewegung und müsste nicht traurig dastehen und abwarten, dass die Blümchen in ERFURT endlich abgeblüht sind. ERFURT ohne Stillstand wäre der Dreh- und

Angelpunkt von, ja, wovon eigentlich ... von Erfurt. ERFURT würde nicht mehr selbstgefällig in sich selbst ruhen. Was für eine Symbolik!

Doch ich höre schon, wie die eine oder andere Kritikerin und der eine oder andere Nörgler aufschreit: „Erfurt dreht sich im Kreis!" Aber das muss man aushalten. Das hat Erfurt schon vorher getan.

Irgendwo ist Hollywood.

Blümchenlyrik: Schicksale[36]

Der Frühblüher

Kaum steht er da, wird losgekräht:
„Ich blühe früh – und du blühst spät!"

Der Efeu

Der Efeu rankt so Tag für Tag,
Weil er Ranken ziemlich mag.
Wenn er einmal nicht mehr rankt,
Ist er sicherlich erkrankt.
Rankt er jedoch richtig viel,
Redet man von Ränkespiel.

Plaste

Rosen, Lilien, Nelken –
Alle Blumen welken.
Nur die Plasteblume nicht,
Die hat eine Plasteschicht.

---

36 Zu dieser Lyrik hat mich ein Spruch der BUGA Heilbronn 2019 inspiriert. Dort stand riesengroß an einem Bus: „Hat die Blume einen Knick, war der Schmetterling zu dick." Ich möchte auch an einem Bus verewigt werden. Lieber an einem Bus als unter einem Bus.

Streit

Drei bunte Margeriten,
Die haben sich gestritten
Die eine war gar nicht dabei.
Ich glaub', es stritten doch nur zwei.

MC Gänseblümchen feat. Busch

Ein Gänseblümchen wird schrill schnattern,
Hört es den Rasenmäher rattern.
Es wackelt rum, strebt in die Höh'.
Ach herrje, herrjemine![37]
Und sein Hals wird lang und länger,
Und sein Gesang wird bang und bänger.
Ein bisschen macht es sich zum Ei
... und dann kommt der Tod herbei.

Die Nachtkerze

Die Nacht ist da, die Nachtkerze auch.
Sie wächst gleich dort, am Gartenschlauch.
Sie ist das Opfer vieler Scherze,
Denn sie ist gar keine Kerze,
Sondern eine Blumenzier,
Und schmeckt dem Menschen und dem Tier.
Weil man sie so gut verdaut,
Nennt man sie auch: Schinkenkraut.
Mann, wer hätte das gedacht?
Bleiben wir bei: Kerze der Nacht!

---

37 Busch! Bevor Sie lange überlegen: Ja, das ist ein Sample von Big W. B..

Im Steingarten

Im Steingarten liegen die Steine.
Darunter liegen Gebeine.
Steinalt wird da keiner mehr.
Die Steine sind doch viel zu schwer.

Dort gibt es Nachschlag.

Der BUGA-Ticker
Zuerst getickt am 23. April 2021
und ausgetickt am 9. August 2021

+++Es geht los. Die BUGA eröffnet. Mehrere Tausend Besucher kommen. Und sie gehen auch wieder. So ist es ein Hin und Her.+++

+++Es nervt. Am Anfang braucht man einen Schnelltest. Heißt zwar „Schnell", ist aber nicht schnell zu kriegen. Frust macht sich breit!+++

+++Es eskaliert. Das Tische-Trauma! Erfurter Gastronomen entdecken Tische auf der BUGA. Man darf doch keine Außengastronomie anbieten. Also muss die BUGA die Tische wegräumen.+++

+++Es wartet. Das Wüsten- und Urwald-Haus Danakil bleibt geschlossen. Tote Hose? Nein, die Wüste lebt!+++

+++Es ist gefährlich. Die Rutschen auf dem Petersberg sind wahnsinnig schnell. Eine der Bahnen wird „Todesrutsche" genannt. Zwei alte Männer verletzen sich beim Rutschen – und zwar an den Ohren.+++

+++Es war ihre Schuld. Sie haben schon vorher nicht auf ihre Frauen gehört. Deren letzte Worte lauteten: „Rutsch da nicht, Günther. Und du auch nicht, Horst!"+++

+++Es ist kaum zu glauben. Vandalismus auf der BUGA! Hasen fressen 150 Kohlrabi-Pflanzen ab. Nun verlangen sie Nachschlag.+++

+++Es stinkt zum Himmel. Gleich sechs Park-Anlagen in Weimar sind BUGA-Außenstandorte. Erfurt hat nur zwei BUGA-Gelände. Ist die echte BUGA gar nicht hier, sondern da?+++

+++Es kippt. Suhl hat die Nase voll. Die Südthüringer Metropole pflanzt selbst Blumen an die Straßen und Gehwege und nennt das Suhler Gartenschau. SUGA statt BUGA! Erfurt, leck mich!+++

+++Es war überfällig! Die Geschmackspolizei schlägt zu und

beschlagnahmt die potthässlichen Buga-Maskottchen: Gießkannen mit aufgemalten Gesichtern.+++

+++Es wird noch schlimmer. Diese Gießkannen heißen Gieß-
bert und Kannelore und haben Kinder, Gießlinge genannt. Ihr
Namensgeber soll in der Wortspielhölle schmoren.+++

+++Es geht voran. Die Bonsai-Ausstellung findet statt. Man
darf zwar nicht hindurchflanieren, aber die Bonsais durch die
Scheibe betrachten. Die Buga ist eben nicht kleinzukriegen.+++

+++Es wird recycelt. Die BUGA stellt im Upcyclinggarten zwei
Giraffen aus Plastikmüll aus. SERO lässt grüßen. Was kommt
als nächstes? Gummi-Bären, Flaschen-Kürbisse oder Papier-
Tiger?+++

+++Es zählt. Zu Pfingsten wird dem 100.000 Besucher von der
BUGA-Leitung gratuliert. So viele Nullen...+++

+++Es verbindet. Einen Monat nach BUGA-Start wird der korea-
nische Garten eröffnet. Ferner Osten passt zum Osten. Drin
wird improvisiert, drumherum ist eine hohe Mauer.+++

+++Es stimmt. Das ist kein Enkel-Trick. Alle Blüten auf der
BUGA sind echt.+++

+++Es zieht. In Woche 6 öffnen die Häuser ihre Türen. Das bedeutet auch: Freie Sicht ins Herren-Klo. Muss man nicht haben.
Und bitte: Händewaschen nicht vergessen!+++

+++Es läuft. Endlich finden Führungen auf dem Gelände statt.
Dabei werden verloren gegangene Rentner gefunden. Viele
Paare sehen sich das erste Mal seit Wochen wieder.+++

+++Es kommt ... Bewegung auf die BUGA, schreibt die BUGA.
Was heißt das? Wackeln die Sträucher im Wind? Nein, das Kul-
turprogramm startet. In Stereo, ist ja keine Mono-Kultur!+++

+++Es hascht. In drei BUGA-Beeten in der Gera-Aue werden
über 300 Hanfpflanzen entdeckt. Jetzt weiß ich, warum man im
BUGA-Shop eine „Tüte mit Blüte" kaufen kann.+++

+++Es bringt nix. Zwar stattet die BUGA die Spieler von Rot-
Weiß-Erfurt mit Trikots aus. Aber vor lauter Blumen treffen sie
den Ball nicht mehr. Sie verlieren im Thüringen-Pokal gegen den
FC „An der Fahner Höhe". Das ist eine Mannschaft aus Obst-
bauern, die mit Äpfeln trainiert+++.

+++Es fliegt. Das Luftschiff Theo brummt bei Rundflügen über Erfurt und ist mit „BUGA" beschriftet. Nicht mal mehr im Himmel hat man seine Ruhe. Wenn's dem Herrgott reicht, lässt er Wind aufkommen. Der weht das Luftschiff davon – und seinen Käpt'n hört man schreien: „Theo, ich glaub', wir fahr'n nach Lodz ...."+++

+++Es kommt. Zur Eröffnung hat der Bundespräsident wegen der Fallzahlen noch gekniffen. Am 10. Juli ist der Steinmeier doch noch da. Bei den Gärten der Epochen vermisst er einen für seine Epoche. Die BUGA bessert nach und legt neben dem Biedermeiergarten einen Steinmeiergarten an.+++

Ins neue Wüstenhaus sind auch viele Tiere eingezogen.

+++Es spukt. Über 50 Gräber werden ausgestellt und warten auf Besucher. Um Mitternacht startet das beliebte Probeliegen als „Reise nach Jerusalem". Jeder bitte nur ein Grab!+++

+++Es hämmert. Am Petersberg entsteht ein Skulpturengarten. Aber Erfurts Oberbürgermeister stand schon vorher dort herum.+++

+++ Es schmeckt. In 99 Tagen BUGA haben die Besucher 13,5 Tonnen Rostbratwurst gegessen. Manche sehen auch so aus. Gäste aus Sonneberg lassen sich für eine Wurst sogar impfen.+++

+++Es büchst aus. Im Urwald- und Wüstenhaus Danakil haut ein Gundi[38] immerzu aus seinem Gehege ab. Es verbringt den Tag damit, die Rennmäuse zu besuchen und an den Kakteen zu knabbern. Abends kehrt es wieder heim. Mancher ega-Mitarbeiter macht das nicht anders.+++

+++Es fährt. Ab 9. August tuckert eine elektrische Park-Eisenbahn über das ega-Gelände. BUGA-Start war im April. Die Bahn kam erst jetzt, sie hatte ... Verspätung.+++

+++Es klemmt ... Papierstau ... *Bitte öffnen Sie die obere Abdeckung. Entfernen Sie überschüssiges Papier aus dem Schacht ... Schließen Sie die Abdeckung. Drücken Sie Okay ...*

+++

+++

+++

+++Es endet. Ein Auszug aus der Abschluss-Rede im Zitat: „Blablabla... schwierige Bedingungen... pipapo... viele Besucher... lalala... großer Erfolg... schnickschnackschnuck... schön für Erfurt."+++

+++Es ist vorbei. Bundesgarten... Tschau!+++

---

38 Wüstentaugliche Mischung aus Meerschweinchen, Ratte und Kaninchen.

Blumen im Dienst

Die Glockenblumen schlagen Acht:
Gleich wird die BUGA aufgemacht.
Die Trompetenblumen blasen,
Löwenzahn besetzt den Rasen.
Eine Stunde vor der Zeit
Sind die Blumen voll bereit,
Vom Wechsel· bis zum Dauerflor.
Um Neune öffnet sich das Tor.

Die Studentenblumen warten
Und führ'n emsig durch den Garten.
Der Wegerich weiß, was wann wo steht,
Der Knöterich, wie Knoten geht.
Die Kunstblumen, die tanzen nett.
Zu einem Hornveilchenquartett.
Es folgen Tricks der Zaubernuss
Mit Höhepunkt – und dann ist Schluss.

Mittagspause! Klingt gut, doch
Die Mittagsblume ist der Koch.

Wer ihrem Essen nicht vertraut,
Nimmt Finger Food vom Fingerkraut,
Aber nicht vom Fingerhut,
Denn der kann kein Finger Food.
Dafür macht der Wilde Wein
Das Leben schön, die BUGA fein.
Und weiter vorn beim Elfensporn
Gibt's Kornblumen mit echtem Korn.

Nach einer guten Stunde
Beginnt die zweite Runde.

Da zeigt das edle Silberblatt,
Wie man selber Silber hat.
Erst die Petra, dann der Paul
Steckt den Kopf ins Löwenmaul.
Pantoffelblumen lehren Stoffeln,
Wie das geht mit den Pantoffeln.
Bei der Kapuzinerkresse
Ist Religion von Interesse.

Man staunt: Der alte Schachtelhalm,
Der kennt wirklich jeden Psalm
Und erzählt vom Männertreu.
Das ist vielen Männern neu.
So neu ist das wieder nicht.
Die Sonnenblume dimmt das Licht.
Die Primeln und sogar der Klee
Sagen euch für heut': „Adé!"

Ein Souvenir, das muss noch sein.
Der Shop ist voll, mit Groß und Klein,
Vergissmeinnicht, und ganz viel Mist.
So ist das halt, wenn BUGA ist.
Der Tag ist um, die Tore zu.
Die Blumen haben endlich Ruh.
Die Schlüsselblumen schieben Schicht
Und machen rundum alles dicht.

Blümchenlyrik: Nachts im Garten

Unter Monstern

King Kong, Frankenstein, Godzilla –
Keiner davon ist der Knülla.
Mit Gebrüll und viel Trara:
Die Grusel-Queen heißt Monstera!

Gangster-Duo

Der Bärenklau streift durch die Nacht.
Er hat das Schlingkraut mitgebracht.
Er will klauen, es will schlingen:
Das wird dem Duo Punkte bringen.

Rache

Der Stechapfel[39], der will dich stechen
Und die ander'n Äpfel rächen,
Für den Most, die Marmelade,
Das Apfelmus – wie jammerschade –
Und auch den Sofortverzehr.
Der Stechapfel, der rächt sich sehr.

---

39 Pflanzenexperte Daniel bat mich händeringend darum, an dieser Stelle auf
die extreme Giftigkeit des Stechapfels hinzuweisen. Lassen Sie sich nicht
angiften!

Im Blick

Das Gottesauge schaut dich an.
Es nimmt stets jeden gründlich ran.
Falls es doch nicht alles checkt,
Hat es Kameras versteckt.

Königin der Nacht

Die Königin der Nacht
Ist zu spät aufgewacht.
Sie denkt: „Oh, meine Güte,
Heute ist die Zeit der Blüte!"

„Das ist der Tag,
Den ich gern mag,
Nee, ich mein' natürlich Nacht!"
Die Königin ist aufgebracht.

„Den Gärtner her!", hört man sie sagen.
Sie lässt ihm dann den Kopf abschlagen
Schon sind sie weg, die kleinen Sorgen.
„Die Blütezeit ist einfach morgen!"

So bestimmt die Königin,
Und sie legt sich wieder hin.

Manche Saisonkräfte arbeiten nur halb.

Im Wohnheim

Was essen die Studenten?
Sukkulenten!
Auch beim Knabbern an Kakteen
Hat man einige geseh'n.
Der Hunger kommt um Mitternacht,
Wenn man Hausaufgaben macht.
Die Mensa zu, der Kühlschrank leer?
Da nimmt man Zimmerpflanzen her.

Mahlzeit

Der Sonnentau fraß Gärtner Jürgen
Und muss nun lange daran würgen.
Von der Harke bis zum Socken,
Der Jürgen war ein fetter Brocken.

... und Danke!

*Das reguläre Buch ist vorbei. Man kann es zuklappen.
Freundlicherweise hat der Verleger ein paar zusätzliche Seiten spendiert, auf denen ich mich ausführlich bedanken kann. Im Musikgeschäft würde man das so anpreisen: Es folgen einige Bonustracks, die mit dem Konzeptalbum nichts zu tun haben. Mir ist das Wumpe.
Auf den nächsten Seiten möchte ich mich also bedanken:
Bei einem Motivationscoach, der mich motiviert hat (was sonst, das ist sein Job).
Bei meinem Vater, der mir zeigt, wie man einen schweren Arbeitstag meistert. Meine Mutter spielt dabei eine wichtige Rolle.
Beim Pandemistischen Gartentheater in Erfurt, in dem mein einziger Auftritt im Jahr 2020 stattfand.
Bei der Stadt Meiningen, unter der einer meiner Träume wahr wurde.
Bei allen, die mich nicht irgendwo kneifen und stattdessen meinen Namen „Kudernatsch" ordentlich aussprechen. Das finde ich prima.*

Keine Bergpredigt, sondern eine Wanderlesung. Alle sind voll motiviert dabei.

Sowas von!

Ich bin sowas von motiviert, denn ich bin bei einem Motivationscoach gewesen. Sowas von! Ich war bei einer Veranstaltung, bei der es kostenlos Essen und Trinken gab: bei einem Neujahrsempfang in Bad Salzungen. Zu solchen Empfängen gehe ich freiwillig, dazu muss mich niemand motivieren, nur einladen. Bevor das Buffet eröffnet wurde, trat ein Motivationscoach auf.

Zuerst stellte er sich vor. Dann mussten wir klatschen für eine besondere Person im Raum, die ein Genie ist, aber viel zu bescheiden, um damit anzugeben. Eine super Person, die einzigartig ist. Wir klatschten wie blöde. Diese Person war mega sympathisch. Der Motivationscoach strahlte und verriet, dass jeder selbst diese Person ist. Das kam echt überraschend.

Blitzschnell ging es mit der Motivation weiter. Der Motivationscoach führte ein Kunststück vor. Beziehungsweise tat er es nicht. Er wollte einen Fußball vom Fußboden mit dem Fuß auf die Schultern schnipsen, weil der Motivationscoach früher Fußballer gewesen war. Es klappte nicht, denn es lag Teppichboden da. Das hatte der Motivationscoach nicht gewusst. „Der Trick funktioniert nur auf glattem Fußboden", behauptete er und versuchte das Kunststück drei Mal. Ohne Erfolg. Dem Motivationscoach machte das nichts aus: „Na und, ich bin trotzdem noch da." Daran sollten wir uns ein Beispiel nehmen.

Der Motivationscoach schlug sein Lebensbuch auf, wie er es nannte. Ein normales Buch, dachte jeder im Raum. Als er es aufklappte, war es aber eine Lampe, die nur wie ein Buch aussah. Sie konnte bunt leuchten. „Bunt wie das Leben!", schwärmte der Motivationscoach.

Sofort packte er die Buchlampe ein und erzählte die Geschichte vom Bären. Die ging so:

Große Aufregung im Wald! Es geht das Gerücht um, der Bär habe eine Todesliste. Alle fragen sich, wer da draufsteht.

Als Erster nimmt der Hirsch seinen Mut zusammen, geht zum Bären und fragt ihn: *„Entschuldige, Bär, eine Frage: Stehe ich auch auf deiner Liste?"*

„Ja", sagt der Bär, *„du stehst auch auf meiner Liste."*

Voller Angst dreht sich der Hirsch um und läuft weg. Am nächsten Tag ist der Hirsch tot.

Das Wildschwein ist das nächste Tier, das den Bären aufsucht, um ihn zu fragen, ob es auf der Liste stehen würde.

„Ja, auch du stehst auf meiner Liste", antwortet der Bär.

Erschrocken verabschiedet sich das Wildschwein vom Bären. Tags darauf ist es tot.

So ging das munter weiter, mit der kompletten Belegung eines mittleren Mischwaldes. Der Motivationscoach ließ kein Tier aus. Schließlich kam er zum Höhepunkt der Geschichte:

Da traut sich das Häschen zum Bären und fragt: „Hey, Bär, stehe ich auch auf deiner Liste?"

„Ja, Häschen, auch du stehst auf meiner Liste!"

„Kannst du mich streichen?"

„Ja klar, kein Problem!"

„Entschuldige, Bär, eine Frage …"

„Was können wir vom Häschen lernen?", fragte der Motivationscoach in den Saal. Er wartete nicht, sondern schrie in sein Publikum: „Es ist nicht nur wichtig, dass man Fragen stellt, sondern dass man die richtigen Fragen stellt, im richtigen Moment."

Donnernder Applaus folgte. Ich war supermotiviert und wollte sogleich die richtige Frage im richtigen Moment stellen. Meine Frage an den Motivationscoach sollte lauten: „Was soll dieser Mist bringen?"

Da fiel mir eine bessere Person ein, die ich das fragen konnte. Nämlich die großartige Person, die hier war, so einzigartig und bescheiden. Für die ich vorhin geklatscht hatte. Also fragte ich mich: „Was soll dieser Mist bringen?"

Ich antwortete mir: „Viel, viel Geld für den, der ihn verkauft. Dafür muss ich die Leute für sich klatschen lassen. Ich muss nichts können – auch keinen Fußballtrick – und brauche ein aufklappbares Lampenbuch. Wenn ich mir dann noch Häschen-Witze merke, ist alles gebongt. Ich werde Motivationscoach!"

Hoch motiviert trank ich anschließend eine Menge von dem Freibier und biss in die Mett-Brötchen. Erst fiel mir ein Brötchen runter, kurz darauf ein zweites und ein drittes. Schuld war der Teppichboden. Bei glattem Fußboden wäre das nicht passiert. „Na und", frohlockte ich und war immer noch da. Als ein Aufpasser zu mir kam, erzählte ich ihm einen Häschen-Witz: „Haddu Möhren?" Ich merkte rasch, dass es der falsche Witz war. Das musste ich noch üben. Pillepalle, nur ein Detail! Die Motivation war draußen an der frischen Luft nicht verflogen.

Seitdem bin ich super motiviert. Es lässt nicht nach. Ich muss nur schnell das Lampenbuch besorgen und bin gleich wieder für Sie da. Bitte klatschen Sie so lange für eine beeindruckende Person. Eine, die im Moment diese Geschichte liest.

Mein Vater hat einen schweren Arbeitstag
Für die lieben Eltern

Mein Vater hat einen schweren Arbeitstag. Der fängt damit an, dass meine Eltern aufstehen und frühstücken. Beide sind über 70, darum lassen sie sich Zeit. Nach dem Frühstück liest mein Vater in „aller Arschruhe"[40] die Zeitung. Ab und zu schaut er aus dem Fenster nach dem Wetter und vergleicht es mit dem aus der Zeitung.

Meine Mutter bittet ihn, frische Eier bei der Nachbarin zu holen. Mein Vater legt die Zeitung zur Seite und bricht auf. Kurz bevor er bei Anita ankommt, merkt er, dass er das Geld in der Veranda vergessen hat. Er kehrt um und trifft Herrn Beierlein. Die beiden reden übers Wetter und wünschen sich einen guten Tag. Das Wetter könnte dem guten Tag glatt einen Strich durch die Rechnung machen.

In der Veranda liegt das Geld. Mein Vater nimmt es und macht sich auf den Weg zu Anita, um die Eier zu holen. Unterwegs grüßt er Herrn Beierlein. Die Eier stehen meistens auf der Mauer, und mein Vater nimmt sie und legt das Geld hin. Diesmal ist Anita da. Mein Vater und Anita schauen in den Himmel und reden übers Wetter. Danach geht mein Vater nach Hause. Anita holt ihn zurück. Er hat die Eier stehen lassen. Auf dem Nachhauseweg sieht er Herrn Beierlein. Beide nicken sich zu. Daheim stellt mein Vater die Eier in die Küche und läuft hinaus in den Hof. Dort sieht er besser, wie das Wetter wird.

Er kehrt um ins Haus und zieht sich die Arbeitssachen an. Leider fehlt das T-Shirt. Er fragt meine Mutter. Das T-Shirt liegt in der Wäsche. Meine Mutter holt ihm ein anderes aus dem Schrank. Dann sucht mein Vater seine Arbeitsjacke. Sie hängt im Keller. Er zieht sie an und spuckt in die Hände.

---

40 Arschruhe ist viel ruhiger als Ruhe. Mit „In aller Arschruhe" wiederum wird die ruhigste Arschruhe beschrieben. Manchmal glaube ich, dass mein Vater sie erfunden hat.

Im Hof schaut er zuerst nach dem Wetter. Zufrieden schließt er die Schuppentür auf und fährt die Schubkarre hinaus. Da ruft meine Mutter. Das Mittagessen ist fertig. Sie ruft ein bisschen eher, dass ein wenig Zeit bleibt. In den dreckigen Arbeitssachen soll sich mein Vater nicht an den Küchentisch setzen. Er zieht sich um. Anschließend wird gegessen. Danach macht mein Vater Mittagsschlaf. Nach dem Schlafen sucht er seine Arbeitssachen. Sie liegen nicht mehr auf dem Stuhl. Meine Mutter hat sie in den Keller gehängt. Er zieht sie an und spuckt in die Hände. Als er im Hof ist, ruft meine Mutter. Der Kaffee ist fertig. Damit mein Vater die dreckigen Arbeitssachen anbehalten kann, trinken die beiden den Kaffee auf der Terrasse hinten im Garten. Plötzlich fängt es an zu regnen. Die Terrasse ist überdacht, sie werden nicht nass. Die Schubkarre vorn im Hof wird es. Mein Vater flucht, springt auf und rennt los. Im Hof packt er die Schubkarre und schiebt sie rasch in den Schuppen. Anschließend sprintet er zurück in den Garten unter das Dach der Terrasse. Der Regen hört auf.

Durch die Eile ist mein Vater ins Schwitzen geraten. Meine Mutter findet, dass er duschen muss. Er geht ins Haus, zieht die Arbeitssachen aus und duscht. Danach will er die Arbeitssachen wieder anziehen. Sie liegen nicht mehr auf dem Stuhl. Meine Mutter hat sie in den Keller gehängt. Dort findet sie mein Vater. Er zieht sie an und spuckt in die Hände. Das Telefon klingelt. Sein Bruder ruft an. Sie reden übers Wetter.

Meine Mutter schaut nach und stöhnt. Mein Vater hat sich in den dreckigen Arbeitssachen zum Telefonieren ins Wohnzimmer gesetzt. Sie übernimmt das Telefonat. Mein Vater soll sich erstmal umziehen. Das tut er. Als er umgezogen ist, ist das Telefonat vorbei. Meine Mutter richtet Grüße aus. Sie geht in die Küche, denn in einer Viertelstunde gibt es Abendbrot. So lange schaut sich mein Vater sein Sudoku an.

Nach dem Abendbrot schaltet meine Mutter den Fernseher ein. Gleich beginnt das Ländermagazin. Mein Vater regt sich auf, als ein Mann im Ländermagazin jammert, dass er in seinem Schrebergarten so viel Arbeit hat. Der Mann ist ein „Kackarsch"[41], findet mein Vater. Nur wenn man ein Grundstück hat, quält man sich Tag für Tag. Diese Schinderei! Das Ländermagazin endet mit dem Wetter. Ein schwerer Arbeitstag ist vorbei. Meine Mutter blättert in der Fernsehzeitung. Vormittags war sie einkaufen, hat Wäsche gewaschen und das Essen gekocht. Am Nachmittag war sie beim Sport und hat den Kaffee angesetzt. Außerdem hat sie geputzt und schließlich das Abendbrot vorbereitet. Jetzt sucht sie einen guten Film aus. Bis der beginnt, plant mein Vater den nächsten schweren Arbeitstag. Hoffentlich spielt das Wetter mit.

---

41 Das ist gleich nach „Arschruhe" sein zweitliebstes Wort.

Das Pandemistische Sommerwohnzimmer[42]
Geschrieben für das Pandemistische Gartentheater
im Sommer 2020

Die Blumen blühten, die Sonne schien, die Wimpelketten schaukelten vor sich hin. Es war Zeit für einen Kaffee am Sonntagnachmittag im Gartentheater.

„Was willst du schon wieder hier?", begrüßte mich Anja.

„Mir gefällt es hier, ich fühle mich wohl", antwortete ich, ließ den Blick in den weiten Garten und zurück zur Bar kreisen und bestellte einen Americano. Ich wusste, dass es Anja nicht böse meinte. Immerhin hatte sie mich zum „Top Gast" gekürt, weil ich so viele Konzerte und Stücke an diesem Ort besucht hatte. Trotzdem gefiel mir das „Hallo, Schatzi!" von Jana besser.

‚Was für Frauen', dachte ich mir, ‚die eine kümmert sich um den Input, die andere um den Output.' Anja hatte sich schier überschlagen, dass auf der Bühne viel passierte. Über 40 Veranstaltungen waren zusammengekommen. Jana wiederum hütete den Toiletten-Container wie einen Palast und prägte diesen Sommer mit einem Spruch, der aus ihrer Rushhour stammte, wenn die Schlangen vor dem Container zu lang wurden und sie die Damen in die Herrenabteilung ließ: „Bist du Mann, gehst du Baum."[43]

Ich bekam meinen Americano, und Volker winkte mich heran. Ja, ich durfte mich zum Maestro setzen. Zu dem Mann, der das Pandemistische Gartentheater gewagt hatte und allabendlich auf dem Podest vor der Bar residierte, allzeit bereit, mit dem im Fahrradkörbchen versteckten Funk-Mikro allmächtig

---

42 Von der Sommerkomödie Erfurt gGmbH gemeinsam mit einigen Gärtnereien eingerichtet als „Pandemistisches Gartentheater" in der Barfüßerruine in Erfurt. Das war im Sommer 2020 die blühende Kulturstätte schlechthin. 2021 folgte die Neuauflage samt sommerlichem Theaterstück. Wie es komödiantisch weitergeht, steht im Web unter www.sokoerfurt.de.

43 Was viel schöner klingt, wenn sie es mit ihrem schweren tschechischen Akzent sagt.

und gut hörbar einzugreifen, um Getränkepausen zu verkürzen oder das Pullern zu beschleunigen. Obwohl das Jana allein gut hinbekam, wenn sie die Tür zur Männertoilette aufriss und hineinrief: „Was macht er da drin? Duscht er?"

So saß ich bei dem Macher am Tisch, was mir bislang nur zweimal vergönnt gewesen war, weil er mich nach den Shows in der Dunkelheit vielleicht verwechselt oder meine Begleitung Brenda gemeint hatte. Ich wusste gar nicht, was ich reden sollte. Mit einem „Na, wie läuft's?" war ich vor zwei Abenden ziemlich aufgelaufen. Dabei hatte ich es nett gemeint, weil Volker etwas heiser krächzte. Jede und jeder hatte ab und zu einen freien Abend, doch Volker zog durch. Und Schluppi am Ton. Immer, wenn ich da war – und das war echt oft – fummelte Schluppi an den Reglern herum, pegelte den Sound, und sich selbst pegelte er mit Rhabarber-Schorle.

Volker sagte etwas unvermittelt, aber das war mir egal, denn immerhin sprach er mit mir: „Ich finde es gut, dass meine Leute ihre T-Shirts von der Sommerkomödie auch außerhalb tragen. Die mögen das, die identifizieren sich damit ..."

„Ja, das ist gut. So muss es sein", bestätigte ich.

Vielleicht hatte ich ihm damit zu sehr nach dem Mund geredet. Wer wusste das bei so einem Zeremonienmeister schon? Das Gespräch war vorbei. Volker zückte sein Telefon, um einen Pressemann zum Loriot-Abend zu locken. Ich nippte an meinem Americano und schaute zu Ruth, die herumwirbelte und die nächste Vorstellung vorbereitete. Coco war bei ihr. Sie hatte das Gartentheater prächtig ausgestattet – mit Wimpeln, Laternen, Stoffbahnen, komplett in dezentem Rot. Das sollte Gefahren und Krankheiten abwehren, hatte sie mir erzählt.

Volkers Lockruf funktionierte nicht. „Die können nicht schreiben. Und die, die es können, sind nicht da", fasste er mürrisch zusammen. „Willst du noch einen?" Er zeigte auf meinen Americano.

„Nee, danke, einer reicht", lehnte ich ab und nahm die leere Tasse zum Anlass, heimzugehen. An den tellergroßen Hibiskusblüten vorbei und an einem Kaktus, der „Schwiegermutterstuhl" hieß. ‚Meine Schwiemu darf gern woanders sitzen', dachte ich mir, denn ich mochte sie. Und sie mochte das Pandemistische Gartentheater. Allerdings ohne das Theater – ihr genügten die Blumen, der Kaffee und der Kuchen.

Bei mir hingegen wurde es zum Sommerwohnzimmer mit Programm, nur dass dieses nicht im Fernsehen, sondern auf der Bühne lief. Mal zappte ich hinein (Brise Manouche), mal zappte ich weg (Bermuda Zweieck). Mal hatte es Überlänge (Improsant), mal war es viel zu schnell vorbei (Tanztheater Erfurt). Mal hatte es fast nichts mit dem zu tun, was auf der Tafel vor der Barfüßer Kirche geschrieben stand (Las Cuatro Estaciones Portenas) – da hieß es „Tango-Abend", doch zunächst wurde Beethoven gespielt. Mal war es ein Volltreffer und hielt zu 100 Prozent das, was versprochen war (Gerda Gabriel). Diesen Schlagerabend werde ich nie vergessen und muss mich an dieser Stelle entschuldigen. Denn mit einem anderen Trunkenbold zusammen grölte ich hartnäckig „Zugabe", bis uns Volker von seinem Hochsitz aus böse anfunkelte und die erschöpfte Gerda von unserem Gebläke erlöste.

Das Gartentheater lag hinter mir. Volker – wer sonst? – hatte sich um eine Zusatzwoche gekümmert. Das wurmte mich, denn was hatte ich vor? Ich fuhr in den Urlaub und würde das fulminante Abschlusskonzert mit dem Franzosenbeat von Gilbert Barracque verpassen und die Sommerjazz-Session und die weiteren Konzerte und … nein, so negativ konnte ich diesen Sonntagnachmittag nicht verstreichen lassen.

Ich kehrte um und ging zurück ins Pandemistische Gartentheater, um dort ein Schluntz zu bestellen. Wie so oft. Fast im Alleingang musste ich die Schluntz-Brauerei in diesem Sommer gerettet haben, so stellte ich mir das vor und klopfte mir etwas selbstherrlich auf die Schulter. Ich verabschiedete mich mit einem weiteren Schluntz, einem dritten und vielleicht sogar einem vierten von meinem Sommerwohnzimmer. Auf dem Heimweg sang ich wie der Bourani: „Ein Hoch auf Schluntz! Auf diesen Gaaarten!"

175

Beim nächsten Mal kann sich Marc-Uwe Kling in den Arsch kneifen lassen

„Ich hätte ja lieber den Marc-Uwe Kling eingeladen, aber der ist blöd", begrüßt uns die Veranstalterin. Mein Pianist Andreas Groß lächelt höflich, ich wundere mich. Ich schätze Marc-Uwe Kling sehr.[44] Ich kann das nicht so stehen lassen, ich muss nachfragen.

„Wieso soll der denn blöd sein?"

„Ich habe bei seinem Verlag angerufen und der hat gesagt, ich soll mich an sein Management wenden. Darauf hatte ich keinen Bock."

Marc-Uwe Kling weiß demnach gar nichts davon und wie heiß begehrt er hier in Suhl ist.

„Darum habe ich Sie genommen", schließt die Veranstalterin das Thema ab. Andreas lächelt weiter höflich. Er hat das perfektioniert.[45] Wir sind also zweite Wahl. Zweite Wahl hinter Marc-Uwe Kling, damit kann ich gut leben.

Der Saal, in dem wir auftreten sollen, ist ziemlich groß. In der Ecke hängt eine mächtige Platte aus Gusseisen, in die ein Kopf gestanzt ist. Die Veranstalterin sieht, wohin ich schaue, und zeigt darauf: „Juri Gagarin. Das ist ja auch der Gagarin-Saal."

Das leuchtet ein. Gagarin ist nicht nur im Weltall gewesen. Er wurde anschließend herumgereicht und hat es dabei sogar bis nach Suhl geschafft, wo man sich eine Platte um ihn gemacht hat. Andreas und ich sind keine Kosmonauten und ha-

---

44 Er ist jünger, sieht besser aus und hat viel mehr Bestseller geschrieben als ich. Letzteres ist kein Wunder, ich habe noch gar keinen Bestseller geschrieben. Das könnte gern anders sein, findet Brenda. Dann würden wir auf der Kanalinsel Guernsey leben. Brenda würde Rosen züchten und ich müsste weitere Bestseller schreiben. Vermutlich würden Beete voller Rosen darin mitspielen.

45 Bei unseren Auftritten fliegen ihm die Herzen zu. Er weiß nicht mehr, wohin damit.

ben es trotzdem so weit gebracht, in Suhl zu sein. Weil der Marc-Uwe Kling nicht wollte, wovon er allerdings keinen blassen Schimmer hat.

„Sie müssen schnell zur Eröffnung in die Stadtbücherei", drängt die Veranstalterin. „Der Herr Groß kann hierbleiben und aufbauen. Aber Sie müssen rüber!"

So gehört sich das bei einem Literaturereignis in der Waffenstadt Suhl. Es heißt nicht „Suhl schießt", sondern „Suhl liest" oder „Lange Lesenacht". Eine Großschriftstellerin eröffnet in der Stadtbücherei und stellt ihren Roman „Drehtür" vor. Die Botschaft ist, glaube ich, dass sich Geschichte wiederholt und wie eine Drehtür dreht. Bestimmte Leute rauschen immer wieder mal vorbei. Ich höre nicht genau hin und horche erst auf, als die Großschriftstellerin über ihr Leben plaudert. Da erinnert sie sich an den ersten deutschen Satz ihres südkoreanischen Freundes. Er zeigte auf eine Hecke, in der ein Spatz saß, und sagte: „Smeckt gut mit Snaps."

Diese Eröffnung kommt super an. Das Suhler Publikum freut sich. Ich denke, dass es an „Smeckt gut mit Snaps" liegt, und freue mich mit. Nun ziehen die Leute weiter zu den Lesestationen, die in der gesamten Stadt verteilt sind. Ich eile zurück in den Saal zu Andreas und Juri. Beide warten auf mich. Die Veranstalterin läuft aufgeregt hin und her, um die Leute zu begrüßen. Sie hat viel zu tun, der Saal ist rappelvoll. Es wird tüchtig mit Sekt angestoßen. Andreas spielt das Intro auf seinem E-Piano, wir legen los. Es läuft gut. Nur Juri, der in der Ecke herumhängt, verzieht keine Miene.

Rund zwei Stunden später soll Auftritt Nr. 2 folgen. Es ist ernsthaft die „Lange Lesenacht". Wir lungern an der kleinen Bühne herum und warten. Andreas lächelt. Ich weiß nicht, ob er noch lächelt oder schon wieder. Er ist ein Könner auf diesem Gebiet.

Kurz vor 23 Uhr taumeln ein paar Versprengte in den Saal. Das Licht ist angenehm gedimmt. Wer einen Stuhl findet, lässt sich daraufplumpsen und schließt die Augen. Wir treten extra ein wenig leiser auf. Andreas spielt ruhige Musik auf seinem

Klavier, ich flüstere fast. Nach rund 20 Minuten sind alle eingeschlafen. Nach zehn weiteren Minuten schleichen wir uns auf Zehenspitzen hinaus. So habe ich es jedenfalls in Erinnerung.

„Ganz toll, ganz toll", lobt uns die Veranstalterin anschließend. „Wie Sie sich darauf eingestellt haben. Das war sehr einfühlsam. Das war so richtig intim ... und so nah ... und so warm." Sie hat sich beim Reden in eine Art Katze verwandelt. Die letzten Worte schnurrt sie. Zusammen mit ihrer Freundin, die genauso schnurrt, wünscht sie sich ein Foto mit uns, als die letzten wachgerüttelten Schlafmützen aus dem Saal gewackelt sind. Wir stehen zu viert eingehakt da, der Typ von der Bar fotografiert. Und wie wir da fürs Foto posieren, kneift mir jemand in den Hintern. Ich reagiere nicht, ich weiß nicht, wer es war. Juri scheidet aus, der befindet sich auf der anderen Seite des Saales.

„Kommt ihr mit auf einen Absacker?", schnurrt die erste Schnurrige. Die zweite wendet sich direkt an Andreas. „Ich kann dir mein Klavier zuhause zeigen, da können wir zusammen was spielen."

Wir lehnen ab, verweisen auf die lange Rückfahrt und die kommenden anstrengenden Auftritte. Andreas knipst sein Lächeln aus.

Die zwei Schnurrigen sind enttäuscht und reden nur noch mit dem Mann von der Bar. Fast vergessen sie, uns unser Geschenk zu überreichen. Jeder erhält eine Flasche „Suhler Waffenöl", einen Kräuterlikör mit Flinte auf dem Etikett.

„Damit könnt ihr eure Flinten ölen", empfiehlt die eine Schnurrige und lacht dreckig. Die andere ist unverändert sauer und zieht sie am Arm zurück an die Bar.

„Sag mal, warst du das vorhin?", frage ich Andreas, als wir im Auto sitzen und durch den Rennsteigtunnel nach Hause brausen.

„Was denn?", fragt er zurück und schaut konzentriert auf die Straße.

„Das mit dem Arschkneifen?" Ich beobachte ihn genau.

„Ähm, was?", will er wissen und schaut mich groß an.

178

„Eh, guck mal weiter schön nach vorn!"

Ich erzähle ihm, was passiert ist. Er lacht. Er lacht so sehr, dass er fast das Lenkrad loslässt.

In einer Pause bringt er den Satz heraus: „Du bist eben ein Autor zum Anfassen!"

In der nächsten Pause schafft er die Worte: „Und beim nächsten Mal in Suhl ..." – er schnappt nach Luft – „... da musst du die andere Backe hinhalten ..."

„Hahaha", äffe ich ihn nach, „oder du! Kannst dir ja das Klavier zeigen lassen."

Andreas lacht weniger. Es ebbt ab.

Wir reisen durch die Nacht. Jeder überlegt für sich, ob es ein nächstes Mal geben wird. Oder ob Marc-Uwe Kling übernehmen sollte.

Dafür müsste die Veranstalterin Bock haben, sein Management anzurufen, und sie dürfte vorneweg nichts vom Arschkneifen verraten. Andreas denkt bestimmt auch so etwas. Er grinst. Dann lacht er wieder.

Ich krame das „Suhler Waffenöl" raus, betrachte die Flasche und wiederhole langsam, was ich heute gelernt habe: „Smeckt gut mit Snaps." Daran werde ich jetzt immer denken, wenn ich einen Spatz sehe. Und welch ein gefährliches Pflaster Suhl ist!

179

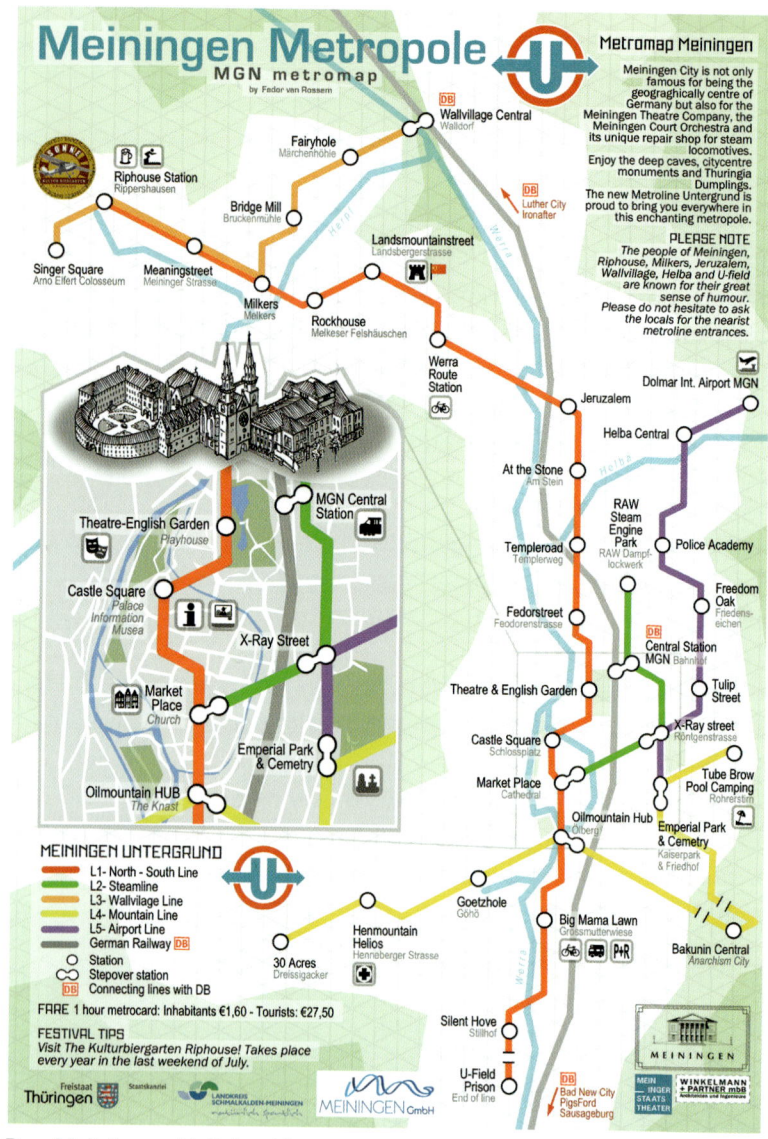

Das Meininger U-Bahn-Netz.

180

Disko in der U-Bahn
Geschrieben für den Kulturbiergarten Rippershausen
im Sommer 2021[46]

Wie viele Thüringerinnen und Thüringer habe ich lange davon geträumt, dass unser wunderbares Land eine U-Bahn bekommt. Ich träumte das so intensiv, das vor 20 Jahren ein Lied daraus entstand: „Disko in der U-Bahn – Sie woll'n wohl bis nach Suhl fahr'n". Zusammen mit einer Band namens „Zufallsorchester" nahm ich den Song sogar auf. Reiner Zufall – es wurde kein Hit daraus, und die U-Bahn nach Suhl kam und kam nicht. Das „Zufallsorchester" löste sich auf.[47]

Der Traum von einer Thüringer U-Bahn aber blieb. Vor fünf Jahren musste ich einfach darauf zurückkommen und davon schreiben. In einer Geschichte, in der ich Erfurt mit Leipzig verglich, malte ich mir für Erfurt eine U-Bahn aus, wie sie Leipzig inzwischen besitzt. Mit nur zwei Stationen. In Leipzig sind das tatsächlich der Markt und der Hauptbahnhof, in Erfurt hätten es der Fischmarkt und der Domplatz sein können. Wieder wurde nichts daraus – obwohl man in Erfurt vorübergehend kühn eine Seilbahn zur BUGA geplant hatte. Die hätte durchaus die Stadtsilhouette verschandeln können, eine Bahn in der Erde hätte niemanden gestört.

Eine U-Bahn sieht man nicht, man riecht sie zuerst, wenn man zu ihr in die Tiefe hinabsteigt. Es ist dieser unverwechselbare Geruch aus Gummi, abgestandenem Furz und angebranntem Toast. Dazu hört man sie dumpf rumpeln. Das ist ein wohliges, warmes Geräusch. Wenn man auf dem Lüftungs-

---

46 Ein künstlerisches Großereignis in Südthüringen, das immer am letzten Juli-Wochenende stattfindet. 2021 kreierte der niederländische Künstler Fedor van Rossem dafür eigens ein U-Bahn-Netz für die Metropole Meiningen (sie liegt bei Rippershausen). Das ist die Laudatio zum ersten Spatenstich für die North-South-Line, gehalten am 23. Juli 2021.
47 Sie können sich das Lied „Disko in der U-Bahn" gern auf www.kudi.de anhören. Es wartet schon auf Sie!

gitter über einem U-Bahn-Schacht steht, wird man von unten freundlich angebrummt. Vielleicht weht einem ein Luftzug ins Sommerkleid und plustert es auf wie bei der Marilyn Monroe.

Überhaupt lässt sich über die U-Bahn nur Positives berichten. Sie nervt nicht, sie ist Entspannung pur. Man muss nicht ständig aus dem Fenster glotzen – aus Angst, etwas zu verpassen. Da draußen ist nichts, aber auch gar nichts zu sehen als tiefste Dunkelheit. Die ständige Reizüberflutung macht Pause. U-Bahn ist Erlösung. Befreit können Fahrgästin und Fahrgast die Augen schließen, es lässt sich eh' nicht kontrollieren, wo genau man sich gerade befindet.

Die U-Bahn ist sicher und pünktlich. Nichts blockiert das Gleis. Es steht höchstens ein Maulwurf auf den Schwellen, aber das macht er kein zweites Mal. Das muss man doch begreifen. Jedenfalls, wenn man kein Maulwurf ist.

Meiningen, die Metropole des Südens, hat die Vorteile einer U-Bahn erkannt. Hier nimmt der Gedanke Fahrt auf, hier rückt man auf in die Liga der Städte, die eine U-Bahn, eine Metro, eine Tube haben: Berlin, Moskau, London. Meiningen gehört künftig dazu.

Großer Bahnhof beim ersten Spatenstich für die Meininger U-Bahn.

Leute mit Vision und Leute mit Mission – also Künstler und Stadtplaner – haben sich zusammengetan und ein Liniennetz ersonnen, das einen staunen lässt. Nach dem Vorbild klassischer U-Bahnen aus aller Welt besteht es aus Strecken, die sich raffiniert kreuzen und bisher ungeahnte Verbindungen bieten. So lässt sich vom Marktplatz aus künftig unter dem Bleichgraben hindurch mit einem Umstieg – tief in der Erde – der International Airport Dolmar-Meiningen erreichen, vorbei an bedeutsamen Haltepunkten wie der Police Academy.

Vorausschauend wurde die Metromap Meiningen von Anfang an international ausgeführt und gleich ins Englische übertragen. Die längste und wichtigste Linie ist die North-South-Line. Sie führt von Rippershausen, der Riphouse Station, quer durchs Zentrum bis zur JVA Untermaßfeld, U-Field-Prison genannt. Sie verbindet das Schöne wie das Freibad in Rippershausen, den Riphouse Swimming Pool, mit dem Hässlichen, dem Gefängnis. Das letzte Stück sollte Jail Trail heißen, finde ich. Am besten fährt die U-Bahn in diese Richtung ab der Haltestelle „Theatre & English Garden" mit Gittern vor den Fenstern bis ans Dead End.

Ich bin felsenfest davon überzeugt: Die Einheimischen werden die U-Bahn lieben. Sie sind schneller unterwegs und müssen auf ihren täglichen Strecken unterhalb der Stadt nichts mehr von der Stadt oberhalb sehen, was sie vielleicht seit Jahrzehnten nervt oder ermüdet. Wer nicht will, muss nicht mehr. Die U-Bahn hilft raus aus der Routine.

Wer zudem einen Keller an der Strecke hat und den Durchbruch nicht scheut, kann sich einen eigenen privaten Haltepunkt anlegen oder anlegen lassen. Noch sind die Planungen nicht abgeschlossen.[48]

Auch Gäste werden die U-Bahn mögen, die so elegant von A nach B rauscht – und vielleicht eines Tages bis nach Suhl führt.

---

48 Eine eigene U-Bahn-Station, das wäre was! Die Schauspielerin Meryl Streep wurde im Juni 2021 zu ihrem 72. Geburtstag mit einer beschenkt. Der Street-Art-Künstler Adrian Wilson benannte kurzerhand die U-Bahn-Station „72 Street" in New York in „72 Streep" um, indem er Ps auf die Ts klebte. Sicherlich hat sich Frau Streep riesig darüber gefreut und ihn zu Kaffee und Kuchen eingeladen.

Wer in Meiningen zu Hause ist, wird sagen: „Was will ich in Suhl?" Denken Sie mal darüber nach. Denn das sagen die Leute in Suhl auch: „Was will ich in Suhl?" Ein schnelles Hin und Her hilft, Grenzen zu überwinden. Ich war noch nicht oft in Meiningen. Doch wenn die U-Bahn hier unter Tage Brücken schlägt, komme ich sicherlich regelmäßig.

Und wenn der Suhler Abschnitt gebaut wird, singe ich zur Eröffnungsfeier das alte Lied „Disko in der U-Bahn/Sie woll'n wohl bis nach Suhl fahr'n". Weiter im Text heißt es: „Zackebumm, Zackebumm, fallen alle Leute um". Das tun Sie bitte nicht! Fallen Sie nicht um! Bleiben Sie standhaft! Leben Sie Ihren Traum! Sogar wenn er unterirdisch ist.

Schwatznatsch und Schwabbernatsch

Ich kann es nicht leiden, wenn mein Name „Kudernatsch" verhunzt wird. Na gut, wenn Freunde ihren Kindern beibringen, dass ich der „Kudinatsch" bin, bin ich kaum böse. Das ist niedlich und nah an der Wahrheit dran. Wie aufgeregte Welpen springen sie an meinen Beinen hoch und fiepen: „Kudinatsch, Kudinatsch!" Irgendwie klingt das nach einer Figur im Kinderfernsehen. Nur bitte nicht nach Pittiplatsch, obwohl wir uns ähnlich sehen.

Die Freundschaft hört auf, wenn Leute „Kuhnatsch" aus mir machen. Ich will kein Rindvieh sein. Die nette Frau Lange in einer vergessenen Ostthüringer Stadt pries mich vor einer Lesung als „Herr Kuhnatsch" an, worauf ich mich bei ihr mit dem Spruch „Super Anmoderation, Frau Lunge" revanchierte.

Bei einem Auftritt am Rande Erfurts wurde der Pianist Andreas Groß zum Opfer. Die dortige Ansagerin hatte vor Aufregung seinen Namen vergessen. Sie improvisierte: „Und hier sind André Kudernatsch ... und... sein Gefolge." So elegant löst man das, wenn man einen Namen vergessen hat oder nicht mehr weiß, wie er korrekt lautet. Der feine Herr Groß ist seitdem das Gefolge.

So edel geht es bei mir nicht zu. Da reicht das Spektrum inzwischen bis zur Ratte. Mein Verleger war auf einen schnellen Witz aus, als er mich mit einer selbstgehäkelten Leseratte sah, die mir eine Dame in Jena geschenkt hatte. „Oh, die Kuderratz", lautete sein Kommentar.

Ich war auch schon der „Pudernatsch", was zum Glück nicht in Österreich passierte, wo „Pudern" eine ziemlich schlüpfrige Bedeutung hat und man mit solch einem Namen im Rotlichtmilieu Karriere macht.

Vielleicht als Eintreiber. Nicht in Österreich, sondern in Kölleda trat ein ziemlich kräftiger Typ mit Tätowierungen vor dem

Auftritt auf uns zu und fragte: „Wer von euch ist dieser ..." – er suchte nach Worten – „... dieser Klumpatsch?"

Am liebsten hätte ich auf Andreas Groß gezeigt, aber der zeigte schon auf mich. Sollte ich dem Muskelpaket erklären, dass ich „Kudernatsch" heiße? Ich stellte mir vor, wie der Typ darauf antwortete: „Voll egal! Ich mach' dich Klumpatsch!" Also gab ich es offen zu: „Ich bin das."

„Ich soll dir einen Gruß vom Ulli bestellen. Der kann heute leider nicht hier sein", vermeldete der Muskelprotz und zog ab. Ich atmete erleichtert auf.

„Du kannst Freunde haben", fand Andreas Groß und fummelte an seinem E-Piano herum.

„Beim nächsten Mal sitze ich auf dem Klavierhocker", legte ich fest.

„Ja, und dann kannst du erzählen, dass du der Klimpernatsch bist", konterte Andreas. „Und nicht der Klumpatsch."

So geht es munter weiter, es bietet sich einfach an.

In der Vorweihnachtszeit wurde ich zum „Kugelnatsch", was jemand erfand, der einigen Glühwein getrunken hatte und jede Christbaumkugel doppelt sah. Zum „Kodernatsch" ernannte mich höchstoffiziell die Konrod-Odenoer-Stoftung auf dem Nomensschild einer Togung. In den „Kubanatsch" verwandelte ich mich durch ein Telefonat mit dem Mieterbund, obwohl ich in Thüringen und nicht auf einer sozialistischen Insel wohne. Scheinbar spreche ich undeutlich.

Den „Paddernatsch" gab es ebenfalls. Der Vater einer Freundin schlug mir auf den Rücken und erkundigte sich ungläubig: „Wie heißt du? Paddernatsch?" Natürlich nicht. Der „Paddernatsch" fährt vielleicht im „Paddernoster" mit oder spielt eine Rolle in den „Star Wars"-Filmen. Dort wird er von Meister Yoda ermahnt: „Oh, du noch viel lernen musst, junger Paddernatsch!"

Brenda, die seit unserer Hochzeit selbst „Kudernatsch" heißen muss, hat aus diesen Verunstaltungen nichts gelernt und erfindet eigene Natsche. Sie passen zur Tätigkeit, die ich verrichte, oder zum Malheur, das mir passiert. Ziehe ich Strippen am Fernseher, bin ich der „Kabelnatsch". Verschütte ich Wasser aus einem Eimer, den ich ins Klo kippen sollte, werde ich zum „Schwabbernatsch". Wenn ich ihrer Meinung nach zu viel rede, sagt sie: „Du bist ein richtiger Schwatznatsch."

Dazu schweige ich mich an dieser Stelle aus.

Das einschneidendste Erlebnis hatten meine Eltern, deren Tisch bei einer Silvesterparty wirklich auf den Namen „Ganternascht" reserviert war. Fast hätten sie ihn nicht gefunden. Ich schwöre! Noch heute rätseln wir gemeinsam herum, wie diese Reservierung zustande kam und was ein Ganter wohl nascht.

Schön ist es jedoch, wenn sich Freunde liebevolle Gedanken machen. Wie die beiden, bei denen ich in Leipzig übernachten durfte, und deren Tochter mir auf ein Blatt Papier einen Mond malte, unter den ihre Mutter schwungvoll schrieb: „Kuder Nacht."

Damit schlafe ich glücklich ein. Wenn das nicht gleich funktioniert, zähle ich nicht etwa Schafe. Nein, ich buchstabiere meinen Namen: K-u-d-e-r-n-a-t-s-c-h.

187

Dankeschön

Ich bedanke mich bei
Volker und Bastian für die Wiederbelebung,
Brenda für die große Geduld und das Vorwort,
den fünf aufrechten Testleserinnen und Testlesern, nämlich Petra, Ricky, Kristian, Andreas und Jost für ihre klugen Anmerkungen,
der Mundartkennerin Beate für ihre Übersetzung,
dem Pflanzenexperten Daniel für seine Fachberatung,
Ellen, Gunther und Fedor für die U-Bahn-Verbindung,
Florian für das Theaterfoto,
Facebook-Micha für die Umfrage,
dem Sänger Andreas von Anger 77 für das historische Zitat und Fan Uwe für den Tipp,
Försterin Uta und Fuchsfarmer Jens für die erste Wanderlesung der Welt,
dem Gefolge für die Musik,
denen, die uns (das Buch, das Gefolge und mich) gleich haben wollten, voran Luisa und Martina, Peter und Sebastian,
meiner Familie, an der ich heimlich Wortspiele teste,
dem PPD und
Daggi und Kay, Jackie und Joschi, Susi und Micha für die Wandergesellschaft.

SALIER
VERLAG

Heute im Angebot: Wurstgedichte

mit Zeichnungen von Thomas
Leibe und einem Vorwort
von Olaf Schubert

ISBN 978-3-943539-32-5
2. Auflage 2021
Hardcover, 64 Seiten, DIN A6
durchgehend farbig

Preis: 8,95 EUR

Lesen Sie auch die Wurstgedichte von André Kudernatsch!

saLieR
VERLAG

Auweia, Weihnachten!

mit Zeichnungen
von Thomas Leibe

ISBN 978-3-96285-000-5
1. Auflage 2018
Hardcover, 120 Seiten
14,5 x 21 cm
durchgehend farbig

Preis: 12,90 EUR

Weihnachten mit dem Schneeschieber auf der Couch, mit der Schwiegermutter im Knollen-Ballett oder mit Fresslähmung bei Freunden – es gibt viele Möglichkeiten, den Heiligen Abend totzuschlagen. In diesem Buch stehen die besten, garniert mit Sternen, Elchen, Kartoffelsalat und Gurken.
Kudernatsch klärt auf, wer wirklich die Weihnachtsmärkte heimsucht, warum Hühner für weiße Weihnachten stehen und was das digitale Schrottwichteln bedeutet. In Zeiten, in denen die einen „Glühweinze" gluckern, während die anderen darüber nachdenken, „Rumkugeln" lieber „Punschbällchen" zu nennen ...
Mit seinen ziemlich nikolausigen Geschichten, überkandierten Kolumnen und schlichten Gedichten will der Autor auf Ihrem Gabentisch landen. Das kann ja heiter werden.
Auweia, Weihnachten!

Auch als Hörbuch und eBook erhältlich

saLieR
VERLAG

Ich hab's im Hermsdorfer Kreuz

Thüringer Kolumnen

ISBN 978-3-943539-71-4
1. Auflage 2016
Klappenbroschur, 106 Seiten
14,5 x 21 cm
mit Fotografien von Bert Hähne

Preis: 12,90 EUR

„Ich hab's im Hermsdorfer Kreuz" – Kudernatsch pickt in seinen Kolumnen auf, wo es zwickt und zwackt, wo es klemmt und wo es sich staut. Er berichtet von lokalen Wehwehchen und globalen Zipperlein: vom allgegenwärtigen Bodo in den Wäldern Thüringens, von unserer Helene, die nicht „Eichhörnchenwürstchen" sagen kann, vom gemobbten Tamino im Stadtbus von Weimar, von der Erderwärmung hoch oben im Dachgeschoss, von Autos, die wie Kaffeemaschinen heißen, und von der unglaublichen Depressivität bei Fernseh-Hühnern. Dabei prangert der Autor nicht nur an – er zeigt auch Lösungen: wegschauen, wegducken, wegziehen. Und natürlich Seniorengymnastik! Kudernatsch schreibt Wahrheiten wie „Eine Stadt ist kein Hefeteig", „Diesel ist Super" oder „Xenophobie ist nicht die Angst vor Druckerpapier". Demnächst will er sie mit einem Lötkolben in Brettchen brennen und in der Fußgängerzone verkaufen. Durch den Kauf dieses Buches können Sie das verhindern! Machen Sie Ihre Innenstadt schöner!

Auch als eBook erhältlich